JN087360

入門現代簿記ワークブック

第2版

鈴木基史／森口毅彦／廣橋祥［著］
SUZUKI Motofumi　MORIGUCHI Takehiko　HIROHASHI Sho

中央経済社

第２版の刊行にあたって

2019年度から日商簿記検定３級の出題内容・範囲が大きく変更されたことを受けて，本書の改訂をすることになった。出題の前提が個人商店から小規模の株式会社に変更されたことにより，純資産の部や税金に関する部分も変更は必須であり，クレジットカードによる商品売買処理，消費税の処理，電子的に記録された債権・債務処理などの新論点にも対応する必要があった。こうした出題範囲の変更にあわせた改訂をするとともに学習する上で必要な箇所を改めた。

簿記の習得には演習が必要であり多くの練習問題を解くことによってしっかりと内容が理解される。簿記検定の合格はもとより，ビジネスマインドの重要なスキルとしての会計の仕組みを学ぶために練習問題に取り組むことは重要なことである。

本書は，先に改訂された『入門現代簿記〈第２版〉』（鈴木基史・森口毅彦・廣橋祥著：中央経済社）の姉妹書であり，これとあわせて簿記学習に活用されることにより効果的に日商簿記３級の取得ができるように構成されているので両書をあわせて活用していただければ幸いである。

今回の改訂にあたり，小坂井和重専務をはじめとする中央経済社の皆様に大変にお世話になった。ここに記して心より感謝を申し上げる次第である。

2021年１月

著者を代表して　鈴 木　基 史

ま　え　が　き

本書は，日商簿記検定試験３級の範囲をカバーした問題集であり，簿記についての最低限の知識・処理手続きの習得を目的としている。

簿記は「企業活動の結果とその発生原因を，貨幣金額によって記録・計算し，財務諸表によって報告する技術」であり，その習得・活用のためには，学習者自らが練習問題へ取り組むことが不可欠である。

そこで本問題集は，簿記をはじめて学習する人たちが，豊富な練習問題を通して，簿記の基本的な体系を網羅的に学習し，基礎的知識・処理手続きをしっかり習得できるよう企図されている。

各章の基本的な構成は，【学習のポイント】での要点整理から始まり，【基本問題】から【応用問題】へと解き進むことで，簿記の基礎から段階的に学習を進め，各処理手続きのより深い理解・習得へ，そして検定試験合格レベルの実力へとステップアップをはかれるよう工夫がなされている。また，各問題の解答には丁寧な解説を加えており，単なる暗記ではなく，処理手続きの基本原理についての理解に基づく記帳ができるようになるよう配慮している。

そして，第18章では総合問題を用意している。日商簿記検定試験３級の出題傾向の分析とそれに基づく実践的な総合問題に取り組むことで，簿記学習の総まとめとして，また検定試験対策として活用できるよう意図されている。

また本書は，『入門現代簿記』（鈴木基史・森口毅彦著：中央経済社）の姉妹書であり，章構成・内容も同テキストに準拠したものとなっている。したがって，同テキストの副教材として，テキストでは不足しがちな練習問題を補う目的で活用できるようにも配慮がなされている。大学の講義等で入門的な簿記の講義を担当されている先生方にぜひ両書をご活用いただければ幸いである。

最後に，本書の出版に際して，中央経済社会計編集部の福谷早苗氏に大変お世話になった。姉妹書『入門現代簿記』の出版に際しても同氏に大きな支えとなっていただいた。本書の完成もまた同氏のお蔭によるところが大きい。ここに記して心より謝意を表するとともに御礼申し上げる次第である。

2013年10月

編　著　者

目　　次

第1章 複式簿記の目的と基礎概念

学習のポイント

1．簿記は，貨幣額によって，企業活動の結果とその発生原因を記録・計算・報告する技術である。記録・計算のために，**勘定**という単位を用いて帳簿に記入し，報告のために，帳簿の記録を基にして**財務諸表**を作成する。

2．簿記には，財産管理と損益計算という2つの目的がある。**財産管理**とは，企業における資産・負債などの財産に関する状況を把握し，管理することである。**損益計算**とは，企業において発生した収益・費用を把握し，その差額として期間損益（当期純損益：当期純利益または当期純損失）を計算することである。これらは，企業内部における経営管理のために役立てられるとともに，企業外部の様々な利害関係者に報告することにも役立てられる。

3．複式簿記では，貸借対照表と損益計算書の2つの財務諸表を作成する。**貸借対照表**（Balance Sheet：B/S）には，**資産・負債・純資産**（資本）という3つの要素に属する科目が表示される。**損益計算書**（Profit and Loss Statement：P/L）には，**収益・費用**という2つの要素に属する科目が表示される。

貸借対照表

資　産	負　債
	純資産（資本）

貸借対照表等式：資産＝負債＋純資産

損益計算書

費　用	収　益
当期純利益	

損益計算書等式：費用＋当期純利益＝収益

4．簿記では，左側のことを**借方**といい，右側のことを**貸方**という。つまり，貸借対照表の借方には資産，貸方には負債・純資産が表示され，損益計算書の借方には費用，貸方には収益が表示される。

5．財務諸表を作成するために，簿記では**会計期間**を設定する。これは通常1年間であるが，1ヵ月間や3ヵ月間などとして設定されることもある。たとえば，会計期間が20X1年4月1日から20X2年3月31日までの1年間であれば，その始まり（20X1年4月1日）のことを**期首**，その終わり（20X2年3月31日）のことを**期末（決算日）**，その間のことを**期中**という。なお，財務諸表を作成するための具体的な手続きについては，第4章・第15章で詳しく学習する。

6．期間損益（当期純損益：当期純利益または当期純損失）の計算方法には，財産法と損益法の2つがある。**財産法**とは，期首の純資産と期末の純資産を比較することによって期間損益を計算する方法である。一方，**損益法**とは，期首から期末までの収益と費用を比較することによって期間損益を計算する方法である。このように，期間損益は財産法と損益法のいずれによっても計算可能であり，両者の計算結果は一致する。

財産法：期末純資産（資本）－期首純資産（資本）＝当期純損益

損益法：収益－費用＝当期純損益

7．**貸借対照表と損益計算書の関係**は，下図のとおりである（当期純利益が計算される場合）。

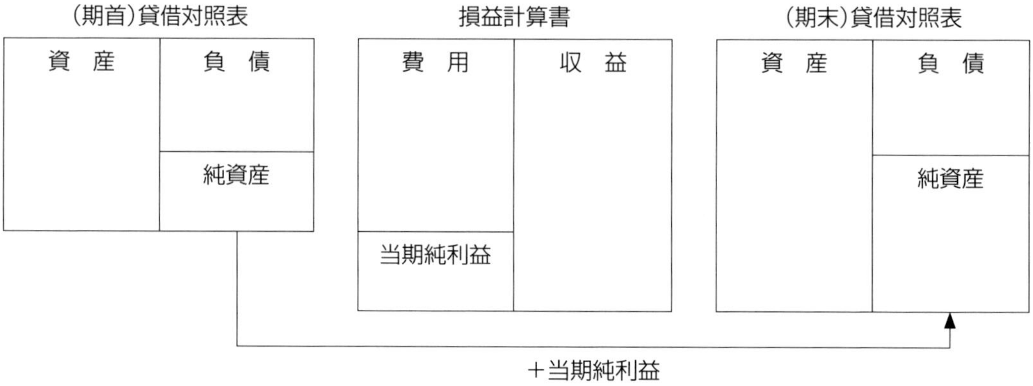

（期首）貸借対照表

資　産	負　債
	純資産

損益計算書

費　用	収　益
当期純利益	

（期末）貸借対照表

資　産	負　債
	純資産

＋当期純利益

※本章の問題は，商品売買を分記法で処理することを前提として出題している。ただし，解答・解説では，必要に応じて，３分法で処理する場合についても言及している。

基本問題１－１

次の文章の空欄に適当な用語を記入しなさい。

(1)　企業の一定時点における財政状態を表す財務諸表のことを（　①　）という。これには，（　②　）・（　③　）・（　④　）という３つの要素に属する科目を表示する。

(2)　企業の一定期間における経営成績を表す財務諸表のことを（　⑤　）という。これには，（　⑥　）・（　⑦　）という２つの要素に属する科目を表示する。

(3)　簿記では，財務諸表の左側のことを（　⑧　），右側のことを（　⑨　）という。

(4)　簿記では，財務諸表を作成するために，（　⑩　）を設定する。これは通常は１年間とされ，その始まりの時点を（　⑪　）といい，その終わりの時点を（　⑫　）という。

①	②	③	④
⑤	⑥	⑦	⑧
⑨	⑩	⑪	⑫

基本問題１－２

次に掲げるものについて，資産に属するものには「ア」，負債に属するものには「イ」，純資産に属するものには「ウ」，収益に属するものには「エ」，費用に属するものには「オ」を記入しなさい。

(1)　現　　　金　(2)　資　本　金　(3)　建　　　物　(4)　給　　　料
(5)　受 取 利 息　(6)　支 払 利 息　(7)　借　入　金　(8)　広告宣伝費
(9)　受取手数料　(10)　備　　　品　(11)　商　　　品　(12)　商品売買益
(13)　繰越利益剰余金　(14)　売　掛　金　(15)　買　掛　金

(1)	(2)	(3)	(4)	(5)	(6)	(7)	(8)
(9)	(10)	(11)	(12)	(13)	(14)	(15)	

基本問題 1－3

A社のX1年4月1日現在における資産・負債は，次のとおりであった。これに基づいて，(1)〜(4)に答えなさい。

現　　金	¥15,000	売　掛　金	¥4,000	商　　品	¥6,000
備　　品	¥10,000	買　掛　金	¥7,000	借　入　金	¥8,000

(1) 資産の合計金額を求めなさい。

(2) 負債の合計金額を求めなさい。

(3) 純資産の金額を求めなさい。

(4) A社のX1年4月1日時点における貸借対照表を作成しなさい。なお，純資産は，すべて資本金として表示すること。

(1)	(2)	(3)
¥	¥	¥

(4)

貸 借 対 照 表

A社　　　　X1年4月1日　　　　(単位：円)

資　産	金　額	負債および純資産	金　額

基本問題 1－4

B社においてX1年4月1日からX2年3月31日までに発生した収益・費用は，次のとおりであった。これに基づいて，(1)〜(4)に答えなさい。

商品売買益	¥100,000	受取手数料	¥30,000	受取利息	¥2,000
給　　料	¥60,000	広告宣伝費	¥10,000	支払家賃	¥20,000
旅費交通費	¥5,000	支払利息	¥4,000		

(1) 収益の合計金額を求めなさい。

(2) 費用の合計金額を求めなさい。

(3) 当期純利益の金額を求めなさい。

(4) B社のX1年4月1日からX2年3月31日までの損益計算書を作成しなさい。

(1)	(2)	(3)
¥	¥	¥

(4)

損益計算書

B社　　X1年４月１日からX2年３月31日まで　　(単位：円)

費用	金額	収益	金額

基本問題１－５

下表は，各社の財務諸表の各要素の金額と当期純利益の金額が示されたものである。空欄に適切な金額を記入すること。ただし，単位（円）の記入は不要である。また，当期純利益がマイナスとなる場合には，金額の前に「△」を記入すること（例：△1,000）。

	貸借対照表（期首）			損益計算書			貸借対照表（期末）		
	資産	負債	純資産	収益	費用	当期純利益	資産	負債	純資産
(1) X社	6,700	(①)	2,700	(②)	4,400	(③)	(④)	3,000	6,100
(2) Y社	(⑤)	6,000	3,900	5,800	8,000	(⑥)	8,600	(⑦)	(⑧)
(3) Z社	(⑨)	6,700	(⑩)	6,500	(⑪)	2,500	8,000	3,500	(⑫)

①	②	③	④
⑤	⑥	⑦	⑧
⑨	⑩	⑪	⑫

基本問題１－６

C社のX1年４月１日における貸借対照表は，次のとおりであった。これに基づいて，(1)・(2)に答えなさい。

貸借対照表

C社　　　X1年４月１日　　　（単位：円）

資産	金額	負債および純資産	金額
現金	28,000	買掛金	4,000
売掛金	5,000	借入金	6,000
商品	3,000	資本金	30,000
貸付金	7,000	繰越利益剰余金	3,000
	43,000		43,000

(1)　C社においてX1年４月１日からX1年４月30日までに発生した収益・費用は，次のとおりであった。これに基づいて，同社のX1年４月１日からX1年４月30日までの損益計算書を作成しなさい。

商品売買益　¥4,000　受取手数料　¥1,000　受取利息　¥2,000
給料　¥2,000　支払利息　¥1,000

損益計算書

C社　　　X1年４月１日からX1年４月30日まで　　　（単位：円）

費用	金額	収益	金額

(2)　C社のX1年４月30日時点における資産・負債は，次のとおりであった。これに基づいて，同社のX1年４月30日時点における貸借対照表を作成しなさい。

現金　¥25,000　売掛金　¥18,000　商品　¥13,000
貸付金　¥7,000　買掛金　¥11,000　借入金　¥15,000

問題

貸 借 対 照 表

C社　　X1年４月30日　　（単位：円）

資　産	金　額	負債および純資産	金　額
		資　本　金	30,000
		繰越利益剰余金	

取引の意義と種類

学習のポイント

1．簿記において記録の対象となる**取引**とは，資産・負債・純資産を増減させる事象のことである。これを**簿記上の取引**という。簿記上の取引は，一般的に取引と呼ばれる内容とは必ずしも一致しない場合がある。たとえば，土地・建物の賃貸借契約を締結したことは，一般的には取引と呼ばれるが，簿記上の取引には該当しない（下図1）。また，火災・盗難・災害などによって財産を失ったことは，一般的には取引とは呼ばれないが，簿記上の取引には該当する（下図2）。これらに対して，一般的にも取引と呼ばれ，簿記上の取引にも該当するものもある（下図3）。

一般にいう取引　簿記上の取引

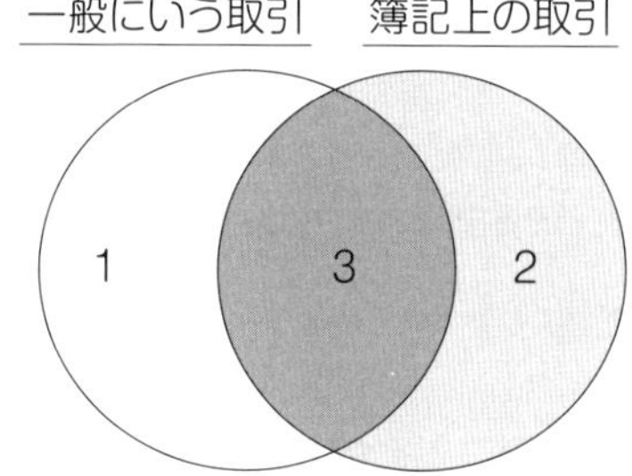

1：土地・建物賃貸借契約など(一般にいう取引のみに該当する)
2：火災・盗難・災害などによる財産の減少など(簿記上の取引のみに該当する)
3：一般的にも簿記上においても取引というもの

2．取引は，収益・費用を発生させるか否かによって，損益取引と交換取引に分類される。**損益取引**は，収益・費用を発生させる取引のことである。一方，収益・費用を発生させず，たとえばある資産を減少させるとともに別のある資産を増加させるような取引のことを**交換取引**という。また，損益取引と交換取引が混在する取引のことを**混合取引**という。

3．取引は，資産・負債・純資産・収益・費用の5つの要素の関係に基づいて結びついている。これを**取引要素の結合関係**という。

取引要素の結合関係

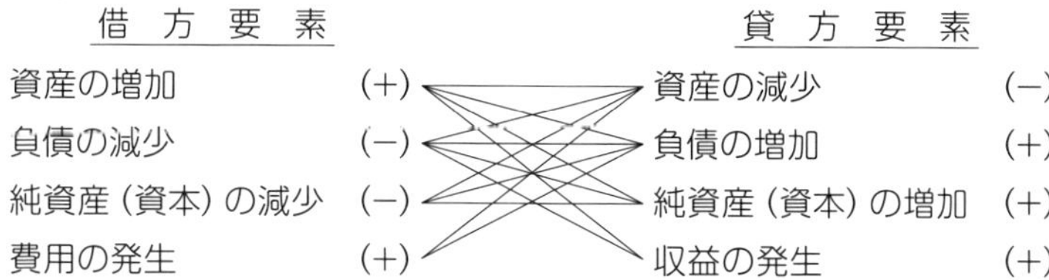

4．複式簿記では，取引を二面的に記録する。つまり，借方の要素1つ以上と貸方の要素1つ以上を組み合わせることによって，取引が表される。これを**取引の二重性**という。

※本章の問題は，商品売買を分記法で処理することを前提として出題している。ただし，解答・解説では，必要に応じて，3分法で処理する場合についても言及している。

基本問題 2－1

次の文章のうち，簿記上の取引には「○」，簿記上の取引でないものには「×」を記入しなさい。

(1) 商品（原価¥50,000，売価¥80,000）の注文を受けた。
(2) 株主から現金¥500,000の出資を受けて会社を設立した。
(3) 店舗として使用する建物を月額¥60,000で借りる契約を結んだ。
(4) 火災により商品保管用の倉庫¥400,000を焼失した。
(5) 商品を¥100,000で仕入れ，代金は現金で支払った。

(1)	(2)	(3)	(4)	(5)

基本問題 2－2

次の取引のうち，交換取引には「ア」，損益取引には「イ」，混合取引には「ウ」を記入しなさい。

(1) 株式会社の設立にあたり，株式を発行し，現金¥100,000を受け取った。
(2) 従業員に対して給料¥90,000を現金で支払った。
(3) 銀行から現金¥50,000を借り入れた。
(4) 銀行からの借入金¥30,000の返済のため，利息¥1,000とともに現金で支払った。
(5) 手数料として現金¥7,000を受け取った。
(6) 商品陳列用の棚を¥20,000で購入し，代金は現金で支払った。
(7) 商品を¥40,000で仕入れ，代金は現金で支払った。
(8) 商品（原価¥10,000）を¥16,000で販売し，代金は現金で受け取った。

(1)	(2)	(3)	(4)	(5)	(6)	(7)	(8)

基本問題 2－3

次の文章(1)～(3)の空欄①～⑥には「増加」または「減少」，(4)～(5)の空欄⑦・⑧には「借方」または「貸方」を記入しなさい。

(1) 資産の（　①　）は借方に，（　②　）は貸方に記入する。
(2) 負債の（　③　）は借方に，（　④　）は貸方に記入する。
(3) 純資産の（　⑤　）は借方に，（　⑥　）は貸方に記入する。
(4) 収益の取消は借方に，発生は（　⑦　）に記入する。

(5) 費用の発生は（　⑧　）に，取消は貸方に記入する。

①	②	③	④
⑤	⑥	⑦	⑧

基本問題 2－4

次の取引を借方の要素と貸方の要素に分解し，例のように下表に記入することによって，どのような要素の結合関係から成り立っているかを示しなさい。

例　商品陳列用の棚を￥70,000で購入し，代金は現金で支払った。

(1) 株式会社の設立にあたり，株式を発行し，現金￥200,000を受け取った。

(2) 銀行から現金￥100,000を借り入れた。

(3) 銀行からの借入金￥40,000の返済のため，利息￥2,000とともに現金で支払った。

(4) 手数料として現金￥16,000を受け取った。

(5) 営業で使用するパソコンを￥80,000で購入し，代金は現金で支払った。

(6) 従業員に対して給料￥130,000を現金で支払った。

(7) 商品を￥30,000で仕入れ，代金は現金で支払った。

(8) 商品（原価￥15,000）を￥20,000で販売し，代金は現金で受け取った。

	借方の要素	貸方の要素
例	資産（備品）の増加	資産（現金）の減少
(1)		
(2)		
(3)		
(4)		
(5)		
(6)		
(7)		
(8)		

第3章 勘定と仕訳

学習のポイント

1．簿記において，記録・計算を行う単位のことを**勘定**という。

⑴　勘定という単位に付された名称のことを**勘定科目**という。勘定科目は，原則として5つの要素（資産・負債・純資産・収益・費用）のいずれかに属することとなる。なお，勘定科目のことを単に勘定ということもある。

貸借対照表の勘定	資　　　産	現金・売掛金・商品・備品・建物など
	負　　　債	買掛金・借入金など
	純資産(資本)	資本金・繰越利益剰余金など
損益計算書の勘定	収　　　益	商品売買益・受取利息など
	費　　　用	給料・広告宣伝費・通信費・支払利息など

⑵　勘定という単位によって記録・計算を行うために，勘定科目ごとに設けられた記載欄のことを**勘定口座**という。その形式には様々なものがあるが，本書では標準式を簡略化した次のような**Ｔフォーム**を主に使用する。なお，勘定口座（Ｔフォーム）のことを単に勘定ということもある。

⑶　各勘定への増減額または発生額・取消額の記入は，次のとおりに行う。

資産の勘定

増　加	減　少

負債の勘定

減　少	増　加

純資産（資本）の勘定

減　少	増　加

費用の勘定

発　生	取　消

収益の勘定

取　消	発　生

2．簿記では，取引が生じたならば，まず仕訳という手続きを行い，次に転記という手続きを行う。なお，これらの手続きを適切に行えば，すべての勘定口座の借方合計と貸方合計は常に一致する。これを**貸借平均の原理**という。

(1) **仕訳**とは，取引を借方の要素と貸方の要素に分解し，それぞれの勘定科目と金額を決定し，それらを記入することである。仕訳を行うことによって，取引を発生順に記録し，把握することができる。

(2) **転記**とは，仕訳によって把握された各勘定の増減や発生・取消を勘定口座に書き移すことである。転記を行うことによって，取引を勘定別に記録し，把握することができる。

3．仕訳を行う帳簿を**仕訳帳**といい，転記を行う帳簿を**総勘定元帳**（元帳）という。これら2つの帳簿のことを**主要簿**という。なお，主要簿（仕訳帳・総勘定元帳）以外の帳簿のことを**補助簿**という。補助簿には，取引の明細を発生順に記入する**補助記入帳**と，特定の勘定の明細を口座別に記入する**補助元帳**がある。

※本章の問題は，商品売買を分記法で処理することを前提として出題している。ただし，解答・解説では，必要に応じて，３分法で処理する場合についても言及している。特に，基本問題３－２，３－４では，３分法で処理する場合の解答欄も設けた。

基本問題３－１

次の勘定科目について，資産に属するものには「ア」，負債に属するものには「イ」，純資産に属するものには「ウ」，収益に属するものには「エ」，費用に属するものには「オ」を記入しなさい。

(1) 水道光熱費　(2) 借入金　(3) 資本金　(4) 車両運搬具
(5) 旅費交通費　(6) 繰越利益剰余金　(7) 通信費　(8) 雑費

(1)	(2)	(3)	(4)	(5)	(6)	(7)	(8)

基本問題３－２

次の取引を仕訳し，各勘定に転記しなさい。なお，商品売買を【Ⅰ】分記法で処理した場合と【Ⅱ】３分法で処理した場合のそれぞれに答えること。

4/ 1　株主から現金￥100,000の出資を受けて当社を設立した。
12　銀行から現金￥50,000を借り入れた。
24　商品を￥70,000で仕入れ，代金は現金で支払った。
28　商品（原価￥40,000）を￥60,000で販売し，代金は現金で受け取った。
30　銀行からの借入金￥30,000の返済のため，利息￥2,000とともに現金で支払った。

【Ⅰ】分記法で処理した場合

	借方科目	金額	貸方科目	金額
4/ 1				
12				
24				
28				
30				

現　　金

(　　) (　　　　　) (　　　　　)	(　　) (　　　　　) (　　　　　)
(　　) (　　　　　) (　　　　　)	(　　) (　　　　　) (　　　　　)
(　　) (　　　　　) (　　　　　)	

商　　品

(　　) (　　　　　) (　　　　　)	(　　) (　　　　　) (　　　　　)

借 入 金

(　　) (　　　　　) (　　　　　)	(　　) (　　　　　) (　　　　　)

資 本 金

	(　　) (　　　　　) (　　　　　)

商品売買益

	(　　) (　　　　　) (　　　　　)

支払利息

(　　) (　　　　　) (　　　　　)	

【Ⅱ】 3分法で処理した場合

	借　方　科　目	金　　額	貸　方　科　目	金　　額
4/ 1				
12				
24				
28				
30				

現　　金

(　　) (　　　　　) (　　　　　)	(　　) (　　　　　) (　　　　　)
(　　) (　　　　　) (　　　　　)	(　　) (　　　　　) (　　　　　)
(　　) (　　　　　) (　　　　　)	

借入金

( ) ( ) ( )	( ) ( ) ( )

資本金

	( ) ( ) ( )

売上

	( ) ( ) ( )

仕入

( ) ( ) ( )	

支払利息

( ) ( ) ( )	

基本問題3－3

A社のX1年4月30日時点における各勘定口座は，次のとおりであった。ただし，日付と相手勘定の記載は省略されている。これに基づいて，(1)～(4)に答えなさい。

現金

借方	貸方
300,000	100,000
200,000	220,000
120,000	70,000
240,000	60,000
	110,000

商品

借方	貸方
100,000	80,000
220,000	150,000
60,000	

借入金

借方	貸方
70,000	200,000

資本金

借方	貸方
	300,000

商品売買益

借方	貸方
	40,000
	90,000

支払家賃

借方	貸方
110,000	

(1)　各勘定について，資産に属するものには「ア」，負債に属するものには「イ」，純資産に属するものには「ウ」，収益に属するものには「エ」，費用に属するものには「オ」を記入しなさい。

(2)　各勘定の借方合計をそれぞれ求めなさい。

(3)　各勘定の貸方合計をそれぞれ求めなさい。

(4)　各勘定の残高を求めなさい。

(1)

現　　金	商　　品	借 入 金	資 本 金	商品売買益	支払家賃

(2)

現　　金	商　　品	借 入 金
¥	¥	¥
資 本 金	商品売買益	支払家賃
¥	¥	¥

(3)

現　　金	商　　品	借 入 金
¥	¥	¥
資 本 金	商品売買益	支払家賃
¥	¥	¥

(4)

現　　金	商　　品	借 入 金
¥	¥	¥
資 本 金	商品売買益	支払家賃
¥	¥	¥

基本問題 3－4

次の取引を仕訳しなさい。なお，⒁・⒂は商品売買を【Ⅰ】分記法で処理した場合と【Ⅱ】３分法で処理した場合のそれぞれに答えること。

(1)　株式会社の設立にあたり，株式を発行し，現金¥800,000を受け取った。
(2)　銀行から現金¥200,000を借り入れた。
(3)　商品陳列用の棚を¥300,000で購入し，代金は現金で支払った。
(4)　配達用のバイクを¥200,000で購入し，代金は現金で支払った。
(5)　従業員に対して給料¥150,000を現金で支払った
(6)　広告宣伝費¥50,000を現金で支払った。
(7)　通信費¥20,000を現金で支払った。
(8)　借りている店舗の家賃¥110,000を現金で支払った。
(9)　得意先に対して現金¥100,000を貸し付けた。
(10)　貸付金に伴う利息¥1,000を現金で受け取った。
(11)　借入金に伴う利息¥2,000を現金を支払った。

⑿　借入金¥50,000を現金で返済した。
⒀　貸付金¥50,000が現金で返済された。
⒁　商品を¥200,000で仕入れ，代金は現金で支払った。
⒂　商品（原価¥150,000）を¥230,000で販売し，代金は現金で受け取った。

	借方科目	金額	貸方科目	金額
⑴				
⑵				
⑶				
⑷				
⑸				
⑹				
⑺				
⑻				
⑼				
⑽				
⑾				
⑿				
⒀				

【Ⅰ】分記法で処理した場合

	借方科目	金額	貸方科目	金額
⒁				
⒂				

【Ⅱ】３分法で処理した場合

	借方科目	金額	貸方科目	金額
⒁				
⒂				

基本問題 3－5

次の取引を仕訳帳に仕訳し，総勘定元帳に転記しなさい。

5/ 1　株主から現金￥300,000の出資を受けて当社を設立した。
　　7　商品を￥100,000で仕入れ，代金は現金で支払った。
　10　銀行から現金￥120,000を借り入れた。
　13　商品（原価￥10,000）を￥16,000で販売し，代金は現金で受け取った。
　20　家賃￥30,000を現金で受け取った。
　28　利息￥1,000を現金で支払った。

仕　訳　帳　　1

日	付	摘　　要	元丁	借　方	貸　方

問題

総勘定元帳

現　　金　1

日付		摘　要	仕丁	借　方	日付		摘　要	仕丁	貸　方

商　　品　2

日付		摘　要	仕丁	借　方	日付		摘　要	仕丁	貸　方

借 入 金　3

日付		摘　要	仕丁	借　方	日付		摘　要	仕丁	貸　方

資 本 金　4

日付		摘　要	仕丁	借　方	日付		摘　要	仕丁	貸　方

商品売買益　5

日付		摘　要	仕丁	借　方	日付		摘　要	仕丁	貸　方

受取家賃　6

日付		摘　要	仕丁	借　方	日付		摘　要	仕丁	貸　方

支払利息　7

日付		摘　要	仕丁	借　方	日付		摘　要	仕丁	貸　方

決　算 (1)

学習のポイント

1．**決算**とは，期末に総勘定元帳の記録を整理・集計し，各種帳簿を締め切り，財務諸表（貸借対照表と損益計算書）を作成する一連の手続きをいう。

2．決算の手続きは，(1)決算予備手続き，(2)決算本手続き，(3)財務諸表の作成という順序で行われる。

(1)　**決算予備手続き**では，試算表の作成などを行う。試算表を作成することで，**貸借平均の原理**（第3章の学習のポイント2を参照）に基づいて，総勘定元帳（勘定口座）の記録の正確性を検証する。なお，試算表には，合計試算表・残高試算表・合計残高試算表の3種類がある。

(2)　**決算本手続き**では，帳簿を締め切るために**損益**勘定を設けて，①収益に属する勘定の残高を損益勘定に振り替え，②費用に属する勘定の残高を損益勘定に振り替える。また，③損益勘定の残高として計算された当期純損益（当期純利益または当期純損失）を**繰越利益剰余金**勘定（純資産の勘定）に振り替える。これら①～③の仕訳（**決算振替仕訳**）を行うことによって，損益計算書に記載される勘定を締め切る。さらに，貸借対照表に記載される勘定を締め切り，繰越試算表を作成する（英米式決算法）。

①　収益に属する各勘定の残高を損益勘定に振り替える仕訳

（借）収益に属する各勘定　××　（貸）損　　　益　××

②　費用に属する各勘定の残高を損益勘定に振り替える仕訳

（借）損　　　益　××　（貸）費用に属する各勘定　××

③　損益勘定の残高として計算された当期純損益を繰越利益剰余金勘定に振り替える仕訳

当期純利益が計算された場合（「収益＞費用」の場合）

（借）損　　　益　××　（貸）繰越利益剰余金　××

当期純損失が計算された場合（「収益＜費用」の場合）

（借）繰越利益剰余金　××　（貸）損　　　益　××

(3)　**財務諸表の作成**では，損益勘定を基にして**損益計算書**を作成し，繰越試算表を基にして**貸借対照表**を作成する。

3．決算の手続きは，試算表の作成に始まり，損益計算書と貸借対照表の作成で終わる。これらの手続きを1つの表にまとめて示したものを**精算表**という。本章では**6桁精算表**の作成を学習し，第16章では8桁精算表の作成を学習する（第16章の学習のポイント2・3を参照）。

※本章の問題は，商品売買を分記法で処理することを前提として出題している。ただし，解答・解説では，必要に応じて，3分法で処理する場合についても言及している。

基本問題 4－1

次のX1年3月31日現在の各勘定口座の記録から，合計試算表，残高試算表および合計残高試算表を作成しなさい。

現　金	1
1,500	400
700	200

売 掛 金	2
900	

商　品	3
800	500
200	

備　品	4
400	

買 掛 金	5
	800

借 入 金	6
	300

資 本 金	7
	2,000

商品売買益	8
	400

受取手数料	9
	200

給　料	10
50	

保 険 料	11
100	

通 信 費	12
150	

合　計　試　算　表

X1年3月31日

借　方	元丁	勘定科目	貸　方
		現　金	
		売掛金	
		商　品	
		備　品	
		買掛金	
		借入金	
		資本金	
		商品売買益	
		受取手数料	
		給　料	
		保険料	
		通信費	

残　高　試　算　表

X1年3月31日

借　方	元丁	勘定科目	貸　方
		現　金	
		売掛金	
		商　品	
		備　品	
		買掛金	
		借入金	
		資本金	
		商品売買益	
		受取手数料	
		給　料	
		保険料	
		通信費	

合計残高試算表

X1年3月31日

借　方		元丁	勘定科目	貸　方	
残　高	合　計			合　計	残　高
			現　金		
			売掛金		
			商　品		
			備　品		
			買掛金		
			借入金		
			資本金		
			商品売買益		
			受取手数料		
			給　料		
			保険料		
			通信費		

基本問題 4－2

A社のX2年3月31日（決算日）における各勘定の残高は，次のとおりであった。これに基づいて，(1)〜(4)に答えなさい。

商品売買益	
	200,000

受取手数料	
	30,000

受取利息	
	5,000

給料	
50,000	

保険料	
40,000	

支払家賃	
30,000	

広告宣伝費	
20,000	

雑費	
10,000	

(1) 決算にあたり，収益の各勘定の残高を損益勘定に振り替えるための仕訳を示しなさい。

(2) 決算にあたり，費用の各勘定の残高を損益勘定に振り替えるための仕訳を示しなさい。

(3) 決算にあたり，損益勘定の残高を繰越利益剰余金勘定に振り替えるための仕訳を示しなさい。

(4) 上記(1)〜(3)の決算振替仕訳について，損益勘定に記入（転記）しなさい。

	借方科目	金額	貸方科目	金額
(1)				
(2)				
(3)				

(4)

損			益		
(　　)	(　　　　)	(　　　　)	(　　)	(　　　　)	(　　　　)
〃	(　　　　)	(　　　　)	〃	(　　　　)	(　　　　)
〃	(　　　　)	(　　　　)	〃	(　　　　)	(　　　　)
〃	(　　　　)	(　　　　)			
〃	(　　　　)	(　　　　)			
〃	(　　　　)	(　　　　)			
		(　　　　)			(　　　　)

基本問題4－3

B社における総勘定元帳（下記(4)の解答欄）の記録に基づいて，(1)～(5)に答えなさい。

(1) 決算にあたり，収益の各勘定の残高を損益勘定に振り替えるための仕訳を示しなさい。

(2) 決算にあたり，費用の各勘定の残高を損益勘定に振り替えるための仕訳を示しなさい。

(3) 決算にあたり，損益勘定の残高を繰越利益剰余金勘定に振り替えるための仕訳を示しなさい。

(4) 上記(1)～(3)の決算振替仕訳について，損益勘定に記入（転記）し，各勘定を締め切り，繰越試算表を作成しなさい。

(5) 上記(1)～(4)を踏まえて，損益計算書と貸借対照表を作成しなさい。

	借方科目	金額	貸方科目	金額
(1)				
(2)				
(3)				

(4)

現　　金

日付	摘要	金額	日付	摘要	金額
4/1	前期繰越	670,000	5/2	商品	400,000
6/13	諸口	280,000	11/5	給料	43,000
7/24	受取手数料	5,000	12/16	諸口	102,000
2/8	諸口	140,000	(　)	(　)	(　)
		(　)			(　)
(　)	(　)	(　)			

商　　品

日付	摘要	金額	日付	摘要	金額
4/1	前期繰越	100,000	6/13	現金	200,000
5/2	現金	400,000	2/8	現金	100,000
			(　)	(　)	(　)
		(　)			(　)
(　)	(　)	(　)			

借　入　金

12/16	現　　金	100,000	4/ 1	前期繰越	200,000
(　　)	(　　　　)	(　　　　)			
		(　　　　)			(　　　　)
			(　　)	(　　　　)	(　　　　)

資　本　金

(　　)	(　　　　)	(　　　　)	4/ 1	前期繰越	500,000
			(　　)	(　　　　)	(　　　　)

繰越利益剰余金

(　　)	(　　　　)	(　　　　)	4/ 1	前期繰越	70,000
			(　　)	(　　　　)	(　　　　)
		(　　　　)			(　　　　)
			(　　)	(　　　　)	(　　　　)

商品売買益

(　　)	(　　　　)	(　　　　)	6/13	現　　金	80,000
			2/ 8	現　　金	40,000
		(　　　　)			(　　　　)

受取手数料

(　　)	(　　　　)	(　　　　)	7/24	現　　金	5,000

給　　料

11/ 5	現　　金	43,000	(　　)	(　　　　)	(　　　　)

支払利息

12/16	現　　金	2,000	(　　)	(　　　　)	(　　　　)

損　　　益

(　　)	(　　　　　)	(　　　　　)	(　　)	(　　　　　)	(　　　　　)
(　　)	(　　　　　)	(　　　　　)	(　　)	(　　　　　)	(　　　　　)
(　　)	(　　　　　)	(　　　　　)			
		(　　　　　)			(　　　　　)

繰越試算表

X2年3月31日

借　　方	勘定科目	貸　　方

(5)

損益計算書

B社　　　X1年4月1日からX2年3月31日まで　　　(単位：円)

費　　用	金　　額	収　　益	金　　額

貸借対照表

B社　　　X2年3月31日　　　(単位：円)

資　　産	金　　額	負債および純資産	金　　額

基本問題 4－4

次の精算表を完成させなさい。

精　算　表

X2年３月31日

勘定科目	残高試算表		損益計算書		貸借対照表	
	借　方	貸　方	借　方	貸　方	借　方	貸　方
現　金	21,000					
売掛金	8,000					
商　品	14,000					
備　品	9,000					
買掛金		12,000				
借入金		7,000				
資本金		30,000				
繰越利益剰余金		2,000				
商品売買益		15,000				
受取手数料		2,000				
給　料	6,000					
支払家賃	3,200					
通信費	4,500					
広告宣伝費	2,300					
	68,000	68,000				
当期純(　　)						

基本問題 4－5

次の精算表を完成させなさい。

精　　算　　表

X2年３月31日

勘定科目	残高試算表		損益計算書		貸借対照表	
	借　方	貸　方	借　方	貸　方	借　方	貸　方
現　　金	33,000					
売 掛 金					12,000	
商　　品	21,000					
備　　品					13,000	
買 掛 金		18,000				
借 入 金						10,000
資 本 金						
繰越利益剰余金		3,000				3,000
商品売買益		23,000				
受取手数料				4,000		
給　　料	9,000					
支払家賃			7,000			
通 信 費	4,800		4,800			
広告宣伝費	3,200		3,200			
当期純(　　)						

第5章 現金・預金

学習のポイント

1．**現金**の入出金は，**現金**勘定（資産）で処理する。なお，簿記上では，通貨だけでなく，他人振出小切手，送金小切手，郵便為替証書などの**通貨代用証券**も現金として取り扱う。

(1) 現金が入金されたとき（現金を受け取ったとき）

（借）現　　　　金　××　（貸）○　○　○　○　××

(2) 現金が出金されたとき（現金で支払ったとき）

（借）○　○　○　○　××　（貸）現　　　　金　××

2．**当座預金**とは，銀行との間に当座預金契約を結んで開設する預金口座であり，これを保有することで小切手を振り出すことができる。その入出金は，**当座預金**勘定（資産）で処理する。

(1) 当座預金に入金されたとき（当座預金に預け入れたとき）

（借）当　座　預　金　××　（貸）○　○　○　○　××

(2) 当座預金から出金されたとき（当座預金から引き落とされたとき）

（借）○　○　○　○　××　（貸）当　座　預　金　××

(3) 小切手を振り出したとき

（借）○　○　○　○　××　（貸）当　座　預　金　××

(4) 他人振出小切手を受け取ったとき

（借）現　　　　金　××　（貸）○　○　○　○　××

(5) 自己振出小切手を受け取ったとき

（借）当　座　預　金　××　（貸）○　○　○　○　××

3．**当座借越**とは，銀行との契約に基づいて，当座預金の残高を超えて引き出された状態のことである。よってこれは，実質的に銀行から借り入れている状態を意味する。当座預金の入出金は，期中は当座借越となるか否かに関わらず，**当座預金**勘定（資産）で処理する。しかし，決算日に当座借越（当座預金勘定が貸方残高）となっていれば，**当座預金**勘定の残高を**当座借越**勘定（負債）または借入金勘定（負債）に振り替える（**決算整理仕訳**）。

（借）当　座　預　金　××　（貸）当　座　借　越　××

4．**普通預金**は，銀行で開設する預金口座の１つである。その入出金は，**普通預金**勘定（資産）で処理する。なお，たとえば，Ｘ銀行とＹ銀行で普通預金を保有している場合には，普通預金Ｘ銀行勘定と普通預金Ｙ銀行勘定の２つの勘定を設けるなどして，両者の増減を区別して把握することがある。

(1) 普通預金に入金されたとき（普通預金に預け入れたとき）

（借）普　通　預　金　××　（貸）○　○　○　○　××

(2) 普通預金から出金されたとき（普通預金から引き落とされたとき）

（借）○　○　○　○　××　（貸）普　通　預　金　××

5．**小口現金**とは，企業における日常的な支払いのために，手許に用意しておく現金のことであり，これを**小**

口現金勘定（資産）で処理する。その管理方法として，**定額資金前渡制度**（インプレスト・システム）がある。

⑴　用度係（小口現金係）に現金を前渡ししたとき
（借）小　口　現　金　××　（貸）現　　　　金　××

⑵　用度係（小口現金係）から支払いに関する報告を受けたとき
（借）○ ○ 費 な ど　××　（貸）小　口　現　金　××
　　　△ △ 費 な ど　××

⑶　上記⑵の報告に基づいて，用度係（小口現金係）に現金を渡した（補給した）とき
（借）小　口　現　金　××　（貸）現　　　　金　××

⑷　上記⑵・⑶を同時に処理したとき
（借）○ ○ 費 な ど　××　（貸）現　　　　金　××
　　　△ △ 費 な ど　××

6．**現金過不足**とは，現金の帳簿残高と実際有高が一致せず，その原因が不明であることをいう。

⑴　期中に現金過不足が生じた場合には，**現金過不足**勘定を用いて，帳簿残高を実際有高に合わせるように処理しておく。その後，原因が判明したときに，適切な勘定に振り替える。なお，決算日に至っても原因が不明であった場合には，不足額（現金過不足勘定の借方残高）は**雑損**勘定（費用），過剰額（現金過不足勘定の貸方残高）は**雑益**勘定（収益）に振り替える。

①　期中に現金過不足が生じたとき（帳簿残高＞実際有高の場合）
（借）現 金 過 不 足　××　（貸）現　　　　金　××

②　期中に現金過不足が生じたとき（帳簿残高＜実際有高の場合）
（借）現　　　　金　××　（貸）現 金 過 不 足　××

③　上記①の後に，その原因が判明したとき
（借）○　○　○　○　××　（貸）現 金 過 不 足　××

④　上記②の後に，その原因が判明したとき
（借）現 金 過 不 足　××　（貸）○　○　○　○　××

⑤　上記①の後に，その原因が判明しないまま決算日に至った場合（**決算整理仕訳**）
（借）雑　　　　損　××　（貸）現 金 過 不 足　××

⑥　上記②の後に，その原因が判明しないまま決算日に至った場合（**決算整理仕訳**）
（借）現 金 過 不 足　××　（貸）雑　　　　益　××

⑵　決算日に現金過不足が生じた場合には，現金過不足勘定ではなく，**雑損**勘定（費用）または**雑益**勘定（収益）を用いて，帳簿残高を実際有高に合わせるように処理する。

①　決算日に現金過不足が生じた場合（帳簿残高＞実際有高の場合）（**決算整理仕訳**）
（借）雑　　　　損　××　（貸）現　　　　金　××

②　決算日に現金過不足が生じた場合（帳簿残高＜実際有高の場合）（**決算整理仕訳**）
（借）現　　　　金　××　（貸）雑　　　　益　××

問題

基本問題５－１

次の取引について，⑴～⑷に答えなさい。なお，⑴～⑶は，商品売買を【Ⅰ】分記法で処理した場合と【Ⅱ】３分法で処理した場合のそれぞれに答えること。

4/ 2　Ａ社から商品を¥200,000で仕入れ，代金は現金で支払った。
　8　Ｂ社から手数料として現金¥10,000を受け取った。
　16　Ｃ社に商品（原価¥100,000）を¥130,000で販売し，代金は同社振出の小切手で受け取った。
　24　従業員に対する給料¥50,000を現金で支払った。
　27　Ｄ社に商品（原価¥40,000）を¥60,000で販売し，代金は掛とした。
　29　Ｄ社に対する売掛金のうち¥30,000の回収として，同額の郵便為替証書を受け取った。

⑴　取引を仕訳しなさい。
⑵　上記⑴の仕訳を現金勘定に転記しなさい。
⑶　当社の現金の残高（４月30日の取引終了時点）を求めなさい。
⑷　取引を現金出納帳に記入しなさい。

【Ⅰ】分記法で処理した場合

⑴	借　方　科　目	金　額	貸　方　科　目	金　額
4/ 2				
8				
16				
24				
27				
29				

⑵　現　　金

4/ 1	前　期　繰　越	300,000	(　　)	(　　　　)	(　　　　)
(　　)	(　　　　)	(　　　　)	(　　)	(　　　　)	(　　　　)
(　　)	(　　　　)	(　　　　)			
(　　)	(　　　　)	(　　　　)			

⑶
¥

【Ⅱ】３分法で処理した場合

(1)	借方科目	金額	貸方科目	金額
4/ 2				
8				
16				
24				
27				
29				

(2) 現　　金

4/ 1	前期繰越	300,000	(　　)	(　　)	(　　)
(　　)	(　　)	(　　)	(　　)	(　　)	(　　)
(　　)	(　　)	(　　)			
(　　)	(　　)	(　　)			

(3)
¥

【Ⅰ】【Ⅱ】共通

(4) 現金出納帳

日	付	摘要	収入	支出	残高
4	1	前月繰越	300,000		300,000

基本問題5－2

次の取引について，(1)〜(4)に答えなさい。なお，(1)〜(3)は，商品売買を【Ⅰ】分記法で処理した場合と【Ⅱ】3分法で処理した場合のそれぞれに答えること。

5/ 2　A銀行において当座預金口座を開設し，現金¥300,000を預け入れた。
　7　B社から商品を¥50,000で仕入れ，代金は小切手を振り出して支払った。
　14　C社に商品（原価¥40,000）を¥60,000で販売し，代金は同社振出の小切手で受け取った。
　20　通信費¥40,000が当座預金口座から引き落とされた。
　25　D社から手数料¥10,000が当座預金口座に入金された。
　27　E社から商品を¥70,000で仕入れ，代金は小切手を振り出して支払った。
　30　F社に商品（原価¥30,000）を¥50,000で販売し，代金は当社振出の小切手で受け取った。

(1)　取引を仕訳しなさい。
(2)　上記(1)の仕訳を当座預金勘定に転記しなさい。
(3)　当社の当座預金の残高（5月31日の取引終了時点）を求めなさい。
(4)　取引を当座預金出納帳に記入しなさい。

【Ⅰ】分記法で処理した場合

(1)	借　方　科　目	金　額	貸　方　科　目	金　額
5/ 2				
7				
14				
20				
25				
27				
30				

(2)　当　座　預　金

(　　)	(　　)	(　　)	(　　)	(　　)	(　　)
(　　)	(　　)	(　　)	(　　)	(　　)	(　　)
(　　)	(　　)	(　　)	(　　)	(　　)	(　　)

(3)
¥

【Ⅱ】３分法で処理した場合

(1)	借方科目	金額	貸方科目	金額
5/ 2				
7				
14				
20				
25				
27				
30				

(2)

当座預金

(　　)	(　　)	(　　)	(　　)	(　　)	(　　)
(　　)	(　　)	(　　)	(　　)	(　　)	(　　)
(　　)	(　　)	(　　)	(　　)	(　　)	(　　)

(3)
¥

【Ⅰ】【Ⅱ】共通

(4)

当座預金出納帳

日付		摘要	預入	引出	借または貸	残高

基本問題５－３

次の取引を仕訳し，当座預金勘定に転記しなさい。なお，商品売買を【Ⅰ】分記法で処理した場合と【Ⅱ】３分法で処理した場合のそれぞれに答えること。

5/ 1　A銀行において当座預金口座を開設し，現金￥100,000を預け入れた。なお，A銀行との間に当座借越契約（借越限度額￥150,000）を結んだ。

7/12　B社から商品を￥80,000で仕入れ，代金は小切手を振り出して支払った。

9/23　C社に商品（原価￥50,000）を￥90,000で販売し，代金は同社振出の小切手で受け取った。

11/ 4　B社から商品を￥60,000で仕入れ，代金は小切手を振り出して支払った。

1/15　D社に商品（原価￥40,000）を￥60,000で販売し，代金は当社振出の小切手で受け取った。

3/26　B社から商品を￥110,000で仕入れ，代金は小切手を振り出して支払った。

3/31　決算につき，当座預金勘定の貸方残高を当座借越勘定に振り替える。

【Ⅰ】分記法で処理した場合

	借　方　科　目	金　額	貸　方　科　目	金　額
5/ 1				
7/12				
9/23				
11/ 4				
1/15				
3/26				
3/31				

当　座　預　金

(　　)	(　　　　)	(　　　　)	(　　)	(　　　　)	(　　　　)
(　　)	(　　　　)	(　　　　)	(　　)	(　　　　)	(　　　　)
(　　)	(　　　　)	(　　　　)	(　　)	(　　　　)	(　　　　)

【Ⅱ】３分法で処理した場合

	借　方　科　目	金　額	貸　方　科　目	金　額
5/ 1				
7/12				
9/23				
11/ 4				
1/15				
3/26				
3/31				

当　座　預　金

(　　)	(　　　　　)	(　　　　　)	(　　)	(　　　　　)	(　　　　　)
(　　)	(　　　　　)	(　　　　　)	(　　)	(　　　　　)	(　　　　　)
(　　)	(　　　　　)	(　　　　　)	(　　)	(　　　　　)	(　　　　　)

基本問題５－４

次の取引について，⑴～⑸に答えなさい。なお，当社は，Ｘ銀行とＹ銀行で普通預金口座を保有している。

6/ 1　Ｘ銀行で普通預金口座を開設し，現金￥600,000を預け入れた。
　2　Ｙ銀行で普通預金口座を開設し，現金￥300,000を預け入れた。
　13　水道光熱費￥90,000がＸ銀行の普通預金口座から引き落とされた。
　14　通信費￥120,000がＹ銀行の普通預金口座から引き落とされた。
　25　従業員に対する給料￥250,000をＸ銀行の普通預金口座から支払った。

⑴　取引を仕訳し，解答欄に示された勘定に記入（転記）しなさい。ただし，普通預金口座の増減は，すべて普通預金勘定で処理すること。

⑵　取引を仕訳し，解答欄に示された各勘定に記入（転記）しなさい。ただし，普通預金口座の増減は，銀行別に普通預金Ｘ銀行勘定と普通預金Ｙ銀行勘定で処理すること。

⑶　当社の普通預金の残高（Ｘ銀行とＹ銀行の合計，６月30日の取引終了時点）を求めなさい。

⑷　当社のＸ銀行の普通預金の残高（６月30日の取引終了時点）を求めなさい。

⑸　当社のＹ銀行の普通預金の残高（６月30日の取引終了時点）を求めなさい。

(1)	借方科目	金額	貸方科目	金額
6/ 1				
2				
13				
14				
25				

普　通　預　金

( ) ( ) ( )	( ) ( ) ( )
( ) ( ) ( )	( ) ( ) ( )
	( ) ( ) ( )

(2)	借方科目	金額	貸方科目	金額
6/ 1				
2				
13				
14				
25				

普　通　預　金　X　銀　行

( ) ( ) ( )	( ) ( ) ( )
	( ) ( ) ( )

普　通　預　金　Y　銀　行

( ) ( ) ( )	( ) ( ) ( )

(3)	(4)	(5)
¥	¥	¥

基本問題 5－5

次の取引を仕訳し，小口現金出納帳に記入しなさい。ただし，仕訳が不要の場合には，借方科目の欄に「仕訳なし」と記入すること。

7/ 1　定額資金前渡制度（インプレストシステム）を採用することとし，用度係に小切手¥30,000を振り出した。

　8　用度係が電車・バス代として¥6,000を支払った。

　16　用度係が切手代として¥5,000を支払った。

　24　用度係が茶菓子代として¥3,000を支払った。

　31　用度係から次のような支払いに関する報告を受けた。

　7/ 8　旅費交通費　¥6,000　　7/16　通　信　費　¥5,000　　7/24　雑　　費 ¥3,000

　また，この報告に基づいて小切手を振り出し，小口現金を補給した。

	借　方　科　目	金　額	貸　方　科　目	金　額
7/ 1				
8				
16				
24				
31				

小　口　現　金　出　納　帳

受　入	日　付		摘　要	支　払	内　訳		
					通信費	旅費交通費	雑　費

基本問題 5－6

(1)　次の一連の取引を仕訳しなさい。なお，決算日は毎年３月31日である。

1/31　現金の実際有高を調査したところ，帳簿残高よりも¥6,000過剰であった。

2/ 8　先に判明した現金過不足のうち¥5,000は，取引先から手数料を受け取った際の記帳漏れであることが判明した。

3/31　決算につき，現金過不足について調査したが，原因不明であった。

(1)	借方科目	金額	貸方科目	金額
1/31				
2/ 8				
3/31				

(2)　次の一連の取引を仕訳しなさい。なお，決算日は毎年3月31日である。

12/31　現金の実際有高を調査したところ，帳簿残高よりも¥12,000不足していた。

1/12　先に判明した現金過不足のうち¥7,000は，旅費交通費として支払った際の記帳漏れであることが判明した。

3/31　決算につき，現金過不足について調査したところ，¥3,000は通信費として支払った際の記帳漏れであることが判明し，残額については原因不明であった。

(2)	借方科目	金額	貸方科目	金額
12/31				
1/12				
3/31				

応用問題5－1

当社の決算整理前残高試算表（一部）は，次のとおりであった。なお，当社では，銀行との間に¥200,000を借越限度額とする当座借越契約を結んでいる。これに基づいて，(1)・(2)に答えなさい。

決算整理前残高試算表

X2年3月31日

借方	勘定科目	貸方
456,000	現金	
9,000	現金過不足	
	:	
	当座預金	160,000
	:	

(1)　決算につき，現金過不足について必要な決算整理仕訳を示しなさい。なお，現金過不足の原因について調査したところ，¥5,000は旅費交通費の記帳漏れ，¥1,000は通信費の記帳漏れであることが判明したが，これ以外は不明であった。

(2) 決算につき，当座借越となっているならば，必要な決算整理仕訳を示しなさい。ただし，仕訳不要ならば，借方科目の欄に「仕訳なし」と記入しなさい。

	借方科目	金額	貸方科目	金額
(1)				
(2)				

応用問題 5－2

当社の決算整理前残高試算表（一部）は，次のとおりであった。なお，当社では，銀行との間に￥200,000を借越限度額とする当座借越契約を結んでいる。これに基づいて，(1)・(2)に答えなさい。

決算整理前残高試算表

X2年 3 月31日

借方	勘定科目	貸方
456,000	現金	
	：	
130,000	当座預金	
	：	

(1) 決算につき，現金の実際有高を調査したところ，帳簿残高よりも￥19,000不足していた。

(2) 決算につき，当座借越となっているならば，必要な決算整理仕訳を示しなさい。ただし，仕訳不要ならば，借方科目の欄に「仕訳なし」と記入しなさい。

	借方科目	金額	貸方科目	金額
(1)				
(2)				

第6章 商品売買

学習のポイント

1．商品売買（商品の**仕入・販売**）の処理方法として，本書では分記法と3分法を学習する。

(1) **分記法**では，**商品**勘定（資産）・**商品売買益**勘定（収益）で処理する。

① 商品を¥100で仕入れたとき

（借）	商　　　品	100	（貸）	○　○　○　○	100

② 商品（原価¥100）を¥120で販売したとき

（借）	○　○　○　○	120	（貸）	商　　　品	100
				商品売買益	20

(2) **3分法**では，**売上**勘定（収益）・**仕入**勘定（費用）・**繰越商品**勘定（資産）で処理する。なお，繰越商品勘定については下記6を参照すること。

① 商品を¥100で仕入れたとき

（借）	仕　　　入	100	（貸）	○　○　○　○	100

② 商品（原価¥100）を¥120で販売したとき

（借）	○　○　○　○	120	（貸）	売　　　上	120

2．仕入諸掛と売上諸掛

(1) **仕入諸掛**（仕入に要した引取運賃など）は，原則として商品の原価に含めて処理する。つまり，分記法では商品勘定（資産），3分法では仕入勘定（費用）に含めて処理する。

(2) **売上諸掛**（販売に要した発送費など）は，当社がこれを負担した場合には，**発送費**勘定（費用）などで処理し，当社の費用として計上する。一方，先方（取引先）がこれを負担する場合には，**立替金**勘定（資産）で処理する（掛取引の場合には，**売掛金**勘定（資産）で処理することもある）。

3．商品の返品

(1) 仕入れた商品を**返品**したときには，仕入の取り消しを行う必要がある（**仕入戻し**）。よって，分記法では，**商品**勘定（資産）の貸方に記入する。一方，3分法では，**仕入**勘定（費用）の貸方に記入する。

(2) 販売した商品が**返品**されたときには，売上の取り消しを行う必要がある（**売上戻り**）。よって，分記法では，**商品**勘定（資産）の借方に原価を記入し，**商品売買益**勘定（収益）の借方に売価と原価の差額を記入する。一方，3分法では，**売上**勘定（収益）の借方に記入する。

4．**仕入帳**および**売上帳**は，仕入取引および売上取引の各明細をそれぞれ発生順に記録するための補助簿（補助記入帳）である。

5．**商品有高帳**は，商品の種類ごとに口座を設定し，受入・払出・残高の明細を記入するための補助簿（補助元帳）である。なお，同一の商品でありながら，仕入の時期・仕入先の相違によって仕入原価が異なる場合には，**先入先出法**や**移動平均法**などによって**払出単価の計算**を行う必要がある。

6．商品売買を３分法で処理している場合には，決算日に売上原価を**仕入**勘定または**売上原価**勘定で計算する必要がある（**売上原価の計算**）。なお，売上原価は，「売上原価＝期首商品棚卸高（Ａ）＋当期商品仕入高（Ｂ）－期末商品棚卸高（Ｃ)」によって求められる。

⑴　仕入勘定で売上原価を計算する場合（**決算整理仕訳**）

（借）	仕　　入	（Ａ）	（貸）	繰越商品	（Ａ）
（借）	繰越商品	（Ｃ）	（貸）	仕　　入	（Ｃ）

⑵　売上原価勘定で売上原価を計算する場合（**決算整理仕訳**）

（借）	売上原価	（Ａ）	（貸）	繰越商品	（Ａ）
（借）	売上原価	（Ｂ）	（貸）	仕　　入	（Ｂ）
（借）	繰越商品	（Ｃ）	（貸）	売上原価	（Ｃ）

［参考］　商品売買の処理を学習する上では，掛取引（掛仕入と掛販売）も併せて学習することが望ましい。本章の問題を解く際には，必要に応じて第７章の学習のポイント１を参照すること。

基本問題 6－1

次の取引を仕訳しなさい。なお，商品売買を【Ⅰ】分記法で処理した場合と【Ⅱ】3分法で処理した場合のそれぞれに答えること。

(1) 商品を¥70,000で仕入れ，代金は現金で支払った。
(2) 商品（原価¥50,000）を¥60,000で販売し，代金は現金で受け取った。
(3) 商品を¥40,000で仕入れ，代金は引取運賃¥3,000とともに現金で支払った。
(4) 上記(1)で仕入れた商品の一部に品違いがあったため返品し，代金¥10,000が返金された。
(5) 上記(2)で販売した商品の一部に品違いがあったため返品され，代金¥30,000を返金した。

【Ⅰ】分記法で処理した場合

	借方科目	金額	貸方科目	金額
(1)				
(2)				
(3)				
(4)				
(5)				

【Ⅱ】3分法で処理した場合

	借方科目	金額	貸方科目	金額
(1)				
(2)				
(3)				
(4)				
(5)				

基本問題 6－2

次の取引を仕訳しなさい。なお，商品売買は3分法で処理すること。

(1) 商品を¥30,000で仕入れ，代金は月末までに支払うこととした。

⑵　商品を¥50,000で販売し，代金は月末までに受け取ることとした。

⑶　商品を¥40,000で仕入れ，代金は月末までに支払うこととした。その際，引取運賃¥2,000を現金で支払った。

⑷　商品を¥60,000で販売し，代金は月末までに受け取ることとした。その際，発送費¥3,000を現金で支払った（当社負担）。

⑸　商品を¥60,000で販売し，代金は月末までに受け取ることとした。その際，発送費¥3,000を現金で支払った（先方負担）。

⑹　先に掛で仕入れた商品の一部（¥10,000相当）に品違いがあったため返品した。

⑺　先に掛で販売した商品の一部（¥20,000相当）に品違いがあったため返品した。

	借　方　科　目	金　額	貸　方　科　目	金　額
⑴				
⑵				
⑶				
⑷				
⑸				
⑹				
⑺				

基本問題６－３

次の取引を３分法で仕訳し，仕入帳と売上帳に記入して締め切りなさい。

1/ 4　A社からX商品¥10,000（100個×@¥100）を仕入れた。代金のうち¥7,000は小切手を振り出して支払い，残額は掛けとした。なお，引取運賃¥1,000は現金で支払った。

10　上記商品のうち10個が不良品であったので返品し，代金は買掛金と相殺した。

13　C社にX商品を¥7,500（50個×@¥150）で販売し，代金は掛けとした。

20　上記商品のうち６個が不良品であったので返品に応じ，代金は売掛金と相殺した。

25　B社からX商品¥5,500（50個×@¥110）とY商品¥16,000（80個×@¥200）を仕入れた。代金はX商品については小切手を振り出して支払い，Y商品については掛けとした。

28　D社にX商品¥12,000（60個×@¥200）とY商品¥9,000（30個×@¥300）を販売した。代金はX商品については同社振り出しの小切手で受け取り，Y商品については掛けとした。なお，当社負担の発送費¥2,000は現金で支払った。

	借方科目	金額	貸方科目	金額
1/4				
10				
13				
20				
25				
28				

仕入帳

日付		摘要	内訳	金額

売　　上　　帳

日付		摘　　　　要	内訳	金額

基本問題 6－4

次の資料に基づいて，先入先出法と移動平均法による商品有高帳を作成して締め切りなさい。

X商品の５月中の商品売買取引

5/ 1	前月繰越	24個	@¥240
6	A社より仕入	56個	@¥250
15	B社へ売上	44個	@¥410
22	C社より仕入	72個	@¥256
26	D社へ売上	78個	@¥430

商　品　有　高　帳

先入先出法　　　　　　　　　　X商品

日付		摘　要	受　入			払　出			残　高		
			数量	単価	金額	数量	単価	金額	数量	単価	金額

商　品　有　高　帳

移動平均法　　　　　　　　　　X商品

日付		摘　要	受　入			払　出			残　高		
			数量	単価	金額	数量	単価	金額	数量	単価	金額

基本問題 6－5

決算につき，決算整理前における各勘定の残高を確認したら次のとおりであった。これに基づいて，(1)〜(7)に答えなさい。なお，期末商品棚卸高は￥27,000であった。

繰越商品	
36,000	

売　上	
	880,000

仕　入	
530,000	

(1) 期首商品棚卸高を求めなさい。
(2) 当期商品仕入高を求めなさい。
(3) 当期の売上高を求めなさい。
(4) 当期の売上原価を求めなさい。
(5) 当期の売上総利益を求めなさい。
(6) 売上原価を仕入勘定で計算するための決算整理仕訳を示しなさい。
(7) 売上原価を売上原価勘定で計算するための決算整理仕訳を示しなさい。

(1)	(2)	(3)
￥	￥	￥
(4)	(5)	
￥	￥	

	借方科目	金額	貸方科目	金額
(6)				
(7)				

応用問題6－1

当社の決算整理前残高試算表（一部）は，次のとおりであった。なお，当社では，銀行との間に¥200,000を借越限度額とする当座借越契約を結んでいる。これに基づいて，⑴〜⑸に答えなさい。

決算整理前残高試算表

X2年3月31日

借　方	勘　定　科　目	貸　方
500,000	現　　　　金	
	現　金　過　不　足	3,000
	：	
	当　座　預　金	80,000
90,000	繰　越　商　品	
	：	
	売　　　　上	940,000
	：	
630,000	仕　　　　入	
	：	

⑴　決算につき，現金過不足について必要な決算整理仕訳を示しなさい。なお，現金過不足の原因について調査したところ，¥2,000は取引先から手数料として受け取った際の記帳漏れであることが判明したが，これ以外は不明であった。

⑵　決算につき，当座借越となっているならば，必要な決算整理仕訳を示しなさい。ただし，仕訳不要ならば，借方科目の欄に「仕訳なし」と記入しなさい。

⑶　決算につき，売上原価を仕入勘定で計算するための決算整理仕訳を示しなさい。なお，期末商品棚卸高は¥70,000であった。

⑷　当期における売上原価を求めなさい。

⑸　当期における売上総利益を求めなさい。

	借　方　科　目	金　額	貸　方　科　目	金　額
⑴				
⑵				
⑶				

⑷	⑸
¥	¥

応用問題 6 - 2

当社の決算整理前残高試算表（一部）は，次のとおりであった。なお，当社では，銀行との間に¥200,000を借越限度額とする当座借越契約を結んでいる。これに基づいて，(1)～(5)に答えなさい。

決算整理前残高試算表

X2年 3 月31日

借　方	勘 定 科 目	貸　方
400,000	現　　　金	
	：	
150,000	当 座 預 金	
64,000	繰 越 商 品	
	：	
	売　　　上	750,000
	：	
500,000	仕　　　入	
	：	

(1) 決算につき，現金の実際有高を調査したところ，帳簿残高よりも¥15,000過剰であった。

(2) 決算につき，当座借越となっているならば，必要な決算整理仕訳を示しなさい。ただし，仕訳不要ならば，借方科目の欄に「仕訳なし」と記入しなさい。

(3) 決算につき，売上原価を売上原価勘定で計算するための決算整理仕訳を示しなさい。なお，期末商品棚卸高は¥56,000であった。

(4) 当期における売上原価を求めなさい。

(5) 当期における売上総利益を求めなさい。

	借 方 科 目	金　額	貸 方 科 目	金　額
(1)				
(2)				
(3)				

(4)	(5)
¥	¥

応用問題6－3

決算につき，売上原価を仕入勘定で計算するための決算整理仕訳を示しなさい。また，繰越商品勘定と仕入勘定に記入（転記）し，締め切りなさい（日付の記入は省略すること）。

なお，期末商品棚卸高は￥2,000であった。また，すでに仕入勘定の借方に記入されている￥30,000は，決算整理前の残高であり，当期商品仕入高を意味する。

借方科目	金額	貸方科目	金額

繰越商品

前期繰越	1,000	

仕入

30,000	

応用問題6－4

決算につき，売上原価を売上原価勘定で計算するための決算整理仕訳を示しなさい。また，繰越商品勘定と仕入勘定と売上原価勘定に記入（転記）し，締め切りなさい（日付の記入は省略すること）。

なお，期末商品棚卸高は￥2,000であった。また，すでに仕入勘定の借方に記入されている￥30,000は，決算整理前の残高であり，当期商品仕入高を意味する。

借方科目	金額	貸方科目	金額

繰越商品

前期繰越	1,000	

仕入

30,000	

売上原価

第7章 売掛金・買掛金

学習のポイント

1．掛取引の処理

(1) 通常の処理

① 商品を仕入れ，代金は後日支払うこととする取引を**掛仕入**という。このとき，商品の代金を将来支払わなければならない義務（債務）を**買掛金**勘定（負債）で処理する。

（借）仕　　　入　××　（貸）買　掛　金　××

② 商品を販売し，代金は後日受け取ることとする取引を**掛販売**（掛売上）という。このとき，商品の代金を将来受け取ることのできる権利（資産）を**売掛金**勘定（資産）で処理する。

（借）売　掛　金　××　（貸）売　　　上　××

(2) 取引先が複数ある場合，取引先別に売掛金・買掛金の増減を記録するために，**人名勘定**を用いることがある。

① A社から商品を仕入れ，代金は後日支払うこととしたとき（人名勘定を用いた場合）

（借）仕　　　入　××　（貸）A　　　社　××

② B社に商品を販売し，代金は後日受け取ることとしたとき（人名勘定を用いた場合）

（借）B　　　社　××　（貸）売　　　上　××

2．売掛金などの債権が回収不能となることを**貸倒れ**という。このときは，**貸倒損失**勘定（費用）で処理する。

(1) 商品を¥100で掛販売したとき

（借）売　掛　金　100　（貸）売　　　上　100

(2) 売掛金¥100が貸倒れたとき

（借）貸　倒　損　失　100　（貸）売　掛　金　100

3．決算日には，売掛金などの債権について，将来に貸倒れが生じる金額を実績に基づいて見積り，**差額補充法**によって，これを当期の費用として計上し，売掛金などの当該債権を回収可能額によって資産として計上する。これを**貸倒引当金の設定**や**貸倒れの見積り**という。よって，貸倒れの見積り額が貸倒引当金勘定の残高を上回った場合には，その分だけ**貸倒引当金繰入**勘定（費用）の借方に記入し，**貸倒引当金**勘定（資産の評価勘定）の貸方に記入する。一方，その反対に下回った場合には，その分だけ**貸倒引当金戻入**勘定（収益）の貸方に記入し，**貸倒引当金**勘定の借方に記入する。

(1) 決算日につき，売掛金の期末残高¥10,000に対して5％の貸倒れを見積ったとき（**決算整理仕訳**）

① 貸倒れの見積り額（¥500）が貸倒引当金の期末残高（¥200）を上回った場合

（借）貸倒引当金繰入　300　（貸）貸　倒　引　当　金　300

② 貸倒れの見積り額（¥500）が貸倒引当金の期末残高（¥700）を下回った場合

（借）貸　倒　引　当　金　200　（貸）貸倒引当金戻入　200

資産の評価勘定である貸倒引当金は，対象となる資産から控除するように借方に表示する。なお，本章で学習する売掛金のほかに，受取手形や貸付金についても貸倒引当金を設定することがある。

貸借対照表
XX年XX月XX日

資　産	金　額		負　債
：		：	
受取手形	××		
貸倒引当金	××	××	
売掛金	10,000		
貸倒引当金	500	9,500	
：		：	
貸付金	××		
貸倒引当金	××	××	
：		：	

⑵ （前期以前に生じた）売掛金￥10,000が貸倒れたとき（貸倒引当金の残高￥500）

（借）貸倒引当金　500　（貸）売掛金　10,000
　　貸倒損失　9,500

4．過年度に貸倒れとして処理した売掛金が回収された場合には，**償却債権取立益**勘定（収益）で処理する。

（借）現金など　××　（貸）償却債権取立益　××

5．商品を販売した際に，その代金が**クレジットカード**によって支払われることがある。このときに発生した債権は，**クレジット売掛金**勘定（資産）で処理する。また，当社がクレジットカード会社に一定の手数料を支払うことになるので，これを**支払手数料**勘定（費用）で処理する。

⑴ 商品を￥100で販売し，代金はクレジットカードによって支払われた。なお，手数料5％は，販売時に費用として計上する。

（借）クレジット売掛金　95　（貸）売上　100
　　支払手数料　5

⑵ 上記⑴で販売した商品の代金がクレジットカード会社から当座預金口座に振り込まれた。

（借）当座預金　95　（貸）クレジット売掛金　95

※本章の問題は，商品売買を３分法で処理することを前提として出題している。

基本問題７－１

次の取引を仕訳しなさい。

⑴　Ａ社から商品を¥30,000で仕入れ，代金は月末までに支払うこととした。
⑵　Ｂ社から商品を¥50,000で仕入れ，代金は月末までに支払うこととした。
⑶　上記⑴でＡ社から仕入れた商品のうち¥5,000相当を返品した。
⑷　Ａ社に対する買掛金¥20,000を現金で支払った。
⑸　Ｂ社に対する買掛金¥40,000を小切手を振り出して支払った。
⑹　Ｃ社に商品を¥70,000で販売し，代金は月末までに受け取ることとした。
⑺　Ｄ社に商品を¥90,000で販売し，代金は月末までに受け取ることとした。
⑻　上記⑺でＤ社に販売した商品のうち¥20,000相当が返品された。
⑼　Ｃ社に対する売掛金¥50,000を現金で回収した。
⑽　Ｄ社に対する売掛金¥60,000を同社振出の小切手で回収した。

	借方科目	金額	貸方科目	金額
⑴				
⑵				
⑶				
⑷				
⑸				
⑹				
⑺				
⑻				
⑼				
⑽				

基本問題７－２

基本問題７－１の取引を人名勘定（Ａ社勘定，Ｂ社勘定，Ｃ社勘定，Ｄ社勘定）を用いて仕訳しなさい。

	借　方　科　目	金　　額	貸　方　科　目	金　　額
(1)				
(2)				
(3)				
(4)				
(5)				
(6)				
(7)				
(8)				
(9)				
(10)				

基本問題７－３

次の取引を仕訳し，総勘定元帳の売掛金勘定に転記しなさい。また，Ａ社について売掛金元帳に記入し，締め切りなさい。なお，売掛金の前月繰越高は￥50,000である（Ａ社￥30,000，Ｂ社￥20,000）。

5/ 7　Ａ社に商品￥100,000，Ｂ社に商品￥40,000を掛けで販売した。

15　Ａ社に販売した上記商品の一部に品質不良があったため，￥10,000相当の返品に応じた。

23　Ａ社に対する売掛金￥70,000とＢ社に対する売掛金￥50,000について，それぞれ小切手を受け取り回収した。

	借　方　科　目	金　　額	貸　方　科　目	金　　額
5/ 7				
15				
23				

総勘定元帳

売掛金

5/ 1　前月繰越	50,000	

売掛金元帳

A　社

日	付	摘要	借方	貸方	借または貸	残高
5	1	前月繰越	30,000		借	30,000

基本問題7－4

次の取引を仕訳し，総勘定元帳の買掛金勘定に転記しなさい。また，C社について買掛金元帳に記入し，締め切りなさい。なお，買掛金の前月繰越高は￥80,000である（C社￥50,000，D社￥30,000）。

6/ 5　C社から商品￥110,000，D社から商品￥60,000を掛けで仕入れた。

18　C社から仕入れた上記商品の一部に品質不良があったため，￥20,000相当を返品した。

27　C社に対する買掛金￥90,000とD社に対する買掛金￥50,000について，それぞれ小切手を振り出して支払った。

	借方科目	金額	貸方科目	金額
6/ 5				
18				
27				

総勘定元帳

買掛金

	6/1 前月繰越 80,000

買掛金元帳

C社

日	付	摘要	借方	貸方	借または貸	残高
6	1	前月繰越		50,000	貸	50,000

基本問題7－5

次の取引を仕訳しなさい。

(1) 前期にA社に商品を掛販売していたが，同社が倒産したため売掛金¥10,000が貸倒れとなった。なお，貸倒引当金の残高は¥20,000であった。

(2) 前期にB社に商品を掛販売していたが，同社が倒産したため売掛金¥90,000が貸倒れとなった。なお，貸倒引当金の残高は¥20,000であった。

(3) 当期にC社に商品を掛販売していたが，同社が倒産したため売掛金¥80,000が貸倒れとなった。なお，貸倒引当金の残高は¥20,000であった。

(4) 前期に貸倒れとして処理したD社に対する売掛金¥70,000のうち¥30,000を現金で回収した。

	借方科目	金額	貸方科目	金額
(1)				
(2)				
(3)				
(4)				

基本問題７－６

次の取引を仕訳しなさい。

(1)　商品を¥100,000で販売し，代金はクレジットカードで支払われた。なお，クレジットカード会社に支払う手数料４％は，販売時に計上する。

(2)　上記(1)で販売した商品の代金がクレジットカード会社から当座預金口座に振り込まれた。

	借方科目	金額	貸方科目	金額
(1)				
(2)				

応用問題７－１

次の一連の取引の仕訳を示しなさい。なお，決算日は毎年３月31日である。

(1)　X1年３月31日，決算日につき，売掛金の期末残高¥500,000に対して４％の貸倒れを見積った（差額補充法）。なお，貸倒引当金の残高は¥14,000であった。

(2)　X1年８月20日，Ａ社が倒産したため，同社に対する売掛金¥3,000を貸倒れとして処理した。なお，この売掛金¥3,000は，X1年２月15日にＡ社に掛販売した際に生じたものである。

(3)　X2年３月31日，決算日につき，売掛金の期末残高¥300,000に対して４％の貸倒れを見積った（差額補充法）。なお，貸倒引当金の増減は，上記(1)・(2)のみである。

	借方科目	金額	貸方科目	金額
(1)				
(2)				
(3)				

応用問題７－２

当社の決算整理前残高試算表（一部）は，次のとおりであった。これに基づいて，⑴～⑷に答えなさい。

決算整理前残高試算表

X2年３月31日

借　　方	勘 定 科 目	貸　　方
	：	
300,000	売　掛　金	
50,000	繰 越 商 品	
	：	
	貸 倒 引 当 金	5,000
	：	
	売　　上	990,000
	：	
770,000	仕　　入	
	：	

⑴　決算日につき，売掛金の期末残高に対して，３％の貸倒引当金を設定するための決算整理仕訳を示しなさい（差額補充法）。

⑵　決算日につき，売上原価を仕入勘定で計算するための決算整理仕訳を示しなさい。なお，期末商品棚卸高は￥60,000であった。

⑶　当期における売上原価を求めなさい。

⑷　当期における売上総利益を求めなさい。

	借 方 科 目	金　　額	貸 方 科 目	金　　額
⑴				
⑵				

⑶	⑷
￥	￥

第8章 その他債権・債務

学習のポイント

1．借用証書によって現金を貸し付けた場合には**貸付金**勘定（資産），借り入れた場合には**借入金**勘定（負債）で処理する。なお，貸付金は，貸倒れとなる恐れがあるので，決算日に**貸倒れの見積り**を行う（**決算整理仕訳**，第7章の学習のポイント3を参照）。

⑴ 借用証書によって現金を貸し付けたとき

（借）貸　付　金　××　（貸）現　　　金　××

⑵ 借用証書によって現金を借り入れたとき

（借）現　　　金　××　（貸）借　入　金　××

2．商品以外の物品やサービスの売買において，代金を後日受け取ることとした場合には**未収入金**勘定（資産），後日支払うこととした場合には**未払金**勘定（負債）で処理する。

⑴ 商品以外の物品など（例：備品）を売却し，代金を後日受け取ることとしたとき

（借）未 収 入 金　××　（貸）備　　　品　××

⑵ 商品以外の物品など（例：備品）を購入し，代金を後日支払うこととしたとき

（借）備　　　品　××　（貸）未　払　金　××

3．商品売買において，商品の受け取り（仕入れ）に先立って代金の一部を内金などとして支払った場合には**前払金**勘定（資産），商品の引き渡し（販売）に先立って代金の一部を内金などとして受け取った場合には**前受金**勘定（負債）で処理する。

⑴ 商品を発注し，（まだ商品を受け取っていないが）代金の一部を内金などとして支払ったとき

（借）前　払　金　××　（貸）現 金 な ど　××

⑵ 商品を受注し，（まだ商品を引き渡していないが）代金の一部を内金などとして受け取ったとき

（借）現 金 な ど　××　（貸）前　受　金　××

4．従業員などのために一時的に金銭を立て替えて支払った場合には**立替金**勘定（資産），一時的に金銭を預かった場合には**預り金**勘定（負債）で処理する。なお，その内容に応じて，従業員立替金勘定（資産）・所得税預り金勘定（負債）・社会保険料預り金勘定（負債）などを用いることもある。

⑴ 金銭を一時的に立替払いしたとき

（借）立　替　金　××　（貸）現 金 な ど　××

⑵ 金銭を一時的に預かったとき

（借）現 金 な ど　××　（貸）預　り　金　××

5．金銭の受け渡しは行われたが，その時点で正確な内容（相手勘定）や金額を決定できない場合には，**仮払金**勘定（資産）・**仮受金**勘定（負債）で処理する。

⑴ 金銭を支払ったが，その内容や金額が未確定であったとき

（借）仮　払　金　××　（貸）現 金 な ど　××

(2) 金銭を受け取ったが，その内容や金額が未確定であったとき

（借）現金など　××　（貸）仮受金　××

6．商品を販売したときに，代金として他社や自治体などが発行した**商品券**を受け取った場合には，**受取商品券**勘定（資産）で処理する。

（借）受取商品券　××　（貸）売上　××

7．建物などを賃借するときに，敷金などの名目で保証金を支払った（差し入れた）場合には，**差入保証金**勘定（資産）で処理する（**保証金の差し入れ**）。

（借）差入保証金　××　（貸）現金など　××

※本章の問題は，商品売買を3分法で処理することを前提として出題している。

基本問題 8－1

次の取引を仕訳しなさい。

(1)　A社に対して借用証書により¥200,000を貸し付け，現金で渡した。なお，貸付期間は6ヵ月，利息（年利率3％）は返済時に支払われることとした。

(2)　上記(1)から6ヵ月後に，A社に対する貸付金¥200,000が返済され，利息とともに現金で受け取った。なお，利息は月割計算すること。

(3)　B銀行から借用証書により¥300,000を借り入れ，現金で受け取った。なお，借入期間は9ヵ月，利息（年利率4％）は返済時に支払うこととした。

(4)　上記(3)から9ヵ月後に，B銀行に対する借入金¥300,000を利息とともに現金で返済した。なお，利息は月割計算すること。

(5)　C社に対して借用証書により¥450,000を貸し付け，利息（年利率3％，月割計算）を差し引いた金額を現金で渡した。なお，貸付期間は1年8ヵ月とした。

(6)　上記(5)から1年8ヵ月後に，C社に対する貸付金¥450,000が返済され，現金で受け取った。ただし，利息は貸し付けたときにすでに受け取っている。

(7)　D銀行から借用証書により¥600,000を借り入れ，利息（年利率4％）が差し引かれた金額が当座預金口座に入金された。なお，貸付期間は2年とした。

(8)　上記(7)から2年後に，D銀行に対する借入金¥600,000を返済するために小切手を振り出した。ただし，利息は借り入れたときにすでに支払っている。

	借方科目	金額	貸方科目	金額
(1)				
(2)				
(3)				
(4)				
(5)				
(6)				
(7)				
(8)				

基本問題 8－2

次の取引を仕訳しなさい。

(1) 備品を¥200,000で購入し，代金は月末までに支払うこととした。

(2) 上記(1)で購入した備品の代金¥200,000を小切手を振り出して支払った。

(3) 不用になった土地（簿価¥5,000,000）を¥5,000,000で売却し，代金は月末までに受け取ることとした。

(4) 上記(3)で売却した土地の代金¥5,000,000を先方振出の小切手で受け取った。

	借 方 科 目	金 額	貸 方 科 目	金 額
(1)				
(2)				
(3)				
(4)				

基本問題 8－3

次の取引を仕訳しなさい。

(1) A社に商品¥600,000を発注し，内金として¥60,000を現金で支払った。

(2) 上記(1)でA社に発注していた商品を受け取り，代金は内金が差し引かれた残額を月末までに支払うこととした。

(3) B社から商品¥800,000を受注し，内金として同社振出の小切手¥80,000を受け取った。

(4) 上記(3)でB社から受注していた商品を引き渡し，代金は内金を差し引いた残額を月末までに受け取ることとした。

	借 方 科 目	金 額	貸 方 科 目	金 額
(1)				
(2)				
(3)				
(4)				

基本問題 8－4

次の取引を仕訳しなさい。

(1)　商品を￥100,000で販売し，代金は月末までに受け取ることとした。その際，発送費￥2,000を現金で支払った（先方負担）。

(2)　上記(1)で立替払いしていた発送費￥2,000の代金が郵便為替証書で送られてきた。

(3)　従業員に給料の前貸しとして現金￥10,000を渡した。

(4)　従業員に給料￥300,000を普通預金口座から振込支給した。その際，上記(3)の前貸し分￥10,000，所得税の源泉徴収分￥30,000，社会保険料の従業員負担分￥15,000を差し引いた。

(5)　所得税の源泉徴収分￥30,000を税務署に現金で納付した。

(6)　社会保険料を従業員負担分￥15,000と企業側負担分￥15,000を現金で支払った。

	借　方　科　目	金　額	貸　方　科　目	金　額
(1)				
(2)				
(3)				
(4)				
(5)				
(6)				

基本問題 8－5

次の取引を仕訳しなさい。

(1)　従業員の出張にあたり，旅費交通費の概算額￥100,000を現金で渡した。

(2)　出張中の従業員から当座預金口座に￥300,000の振り込みがあったが，その内容は不明であった。

(3)　従業員が出張から戻り，上記(2)の振り込みはA社に対する売掛金の回収額であることが判明した。

(4)　従業員が出張から戻り，上記(1)で旅費交通費の概算額として渡した￥100,000について精算し，￥4,800が現金で返金された。

(5)　従業員の出張にあたり，旅費交通費の概算額￥200,000を現金で渡した。

(6)　従業員が出張から戻り，上記(5)で旅費交通費の概算額として渡した￥200,000について精算し，不足額￥45,000を現金で渡した。

	借方科目	金額	貸方科目	金額
(1)				
(2)				
(3)				
(4)				
(5)				
(6)				

基本問題 8－6

次の取引を仕訳しなさい。

(1) 商品を¥10,000で販売し，代金はA社が発行した商品券で受け取った。

(2) 商品を¥28,000で販売し，代金はB市が発行した商品券¥30,000で受け取り，おつりを現金で渡した。

(3) 商品を¥30,000で販売し，代金のうち¥20,000はB市が発行した商品券で受け取り，残額は現金で受け取った。

(4) 保有するA社発行の商品券¥10,000を精算し，同額が当座預金口座に振り込まれた。

(5) 保有するB市発行の商品券¥50,000を精算し，同額が普通預金口座に振り込まれた。

	借方科目	金額	貸方科目	金額
(1)				
(2)				
(3)				
(4)				
(5)				

基本問題 8－7

次の取引を仕訳しなさい。

(1)　新店舗として使用する建物の賃借契約を結び，敷金として¥300,000を現金で支払った。

(2)　上記(1)で契約した建物の家賃¥100,000を支払うために当座預金口座から振り込んだ。

(3)　これまで店舗として使用していた建物の賃借契約を解除し，上記(1)で敷金として支払っていた¥300,000のうち修繕費¥50,000が差し引かれ，残額が当座預金口座に振り込まれた。

	借方科目	金額	貸方科目	金額
(1)				
(2)				
(3)				

応用問題 8－1

次の取引をA社・B社のそれぞれの立場から仕訳しなさい。なお，A社は主に自動車の販売業を営んでおり，B社は電化製品の販売業を営んでいる。

(1)　A社は，B社から営業用のパソコン（@¥200,000）を3台購入し，代金は月末までに支払うこととした。

(2)　B社は，A社から営業用の自動車（@¥1,000,000）を2台購入し，代金は月末までに支払うこととした。

(1)	借方科目	金額	貸方科目	金額
A社				
B社				

(2)	借方科目	金額	貸方科目	金額
A社				
B社				

第9章 手　形

学習のポイント

1．手形は，商品売買における代金の受け渡しのために用いられる。本書で学習する**約束手形**は，これを振り出した者が支払期日（満期日）までに代金を支払うことを約束する証券である。このときに生じる債務は，**支払手形**勘定（負債）で処理する。一方，これを受け取ったときに生じる債権は，**受取手形**勘定（資産）で処理する。なお，約束手形を振り出した者を**振出人**（支払人）といい，これを受け取った者を**名宛人**（受取人）という。また，受取手形（手形の債権を記録する勘定科目）は，貸倒れとなる恐れがあるので，決算日に**貸倒れの見積り**を行う（**決算整理仕訳**，第7章の学習のポイント3を参照）。

⑴　商品を仕入れ，手形を振り出して代金を支払ったとき

（借）仕　　　　入　××　（貸）支 払 手 形　××

⑵　商品を販売し，手形で代金を受け取ったとき

（借）受 取 手 形　××　（貸）売　　　　上　××

2．**受取手形記入帳**と**支払手形記入帳**は，手形による取引の詳細な内容を記入するための補助簿（補助記入帳）である。これは，手形による債権・債務の管理のために用いられる。

3．手形は，金銭の貸借のために用いられることもある。このときに生じる債権は，**手形貸付金**勘定（資産）で処理する。一方，債務は，**手形借入金**勘定（負債）で処理する。ただし，借用証書を用いた金銭の貸借と同様に，貸付金勘定（資産）・借入金勘定（負債）で処理することもある（第8章の学習のポイント1を参照）。

⑴　手形を受け取って金銭を貸し付けたとき

（借）手 形 貸 付 金　××　（貸）現 金 な ど　××

⑵　手形を振り出して金銭を借り入れたとき

（借）現 金 な ど　××　（貸）手 形 借 入 金　××

4．売掛金などの債権や買掛金などの債務は，電子債権記録機関において電子的に記録されることによって，手形と同様に代金の受け渡しの手段として用いられる。電子化された債権は，**電子記録債権**勘定（資産）で処理する。一方，電子化された債務は，**電子記録債務**勘定（負債）で処理する。

⑴　売掛金（債権）が電子記録債権の発生として記録されたとき

（借）電子記録債権　××　（貸）売　掛　金　××

⑵　買掛金（債務）が電子記録債務の発生として記録されたとき

（借）買　掛　金　××　（貸）電子記録債務　××

※本章の問題は，商品売買を３分法で処理することを前提として出題している。

基本問題９－１

次の取引を仕訳しなさい。

(1)　Ａ社から商品を￥130,000で仕入れ，代金は約束手形を振り出して支払った。

(2)　Ｂ社に商品を￥290,000で販売し，代金は同社振出の約束手形で受け取った。

(3)　上記(1)でＡ社宛に振り出した約束手形￥130,000の支払期日を迎え，当座預金口座から支払われた。

(4)　上記(2)で受け取ったＢ社振出の約束手形￥290,000の支払期日を迎え，当座預金口座に入金された。

	借　方　科　目	金　額	貸　方　科　目	金　額
(1)				
(2)				
(3)				
(4)				

基本問題９－２

次の取引を仕訳しなさい。

(1)　Ａ社から商品を￥150,000で仕入れ，代金は約束手形を振り出して支払った。ただし，引取運賃￥3,000は現金で支払った。

(2)　Ｂ社に商品を￥320,000で販売し，代金は同社振出の約束手形で受け取った。なお，発送費￥4,000（Ｂ社負担）は現金で支払った。

(3)　Ｃ社に商品を￥270,000で販売し，代金は同社振出の約束手形で受け取った。なお，発送費￥5,000（当社負担）は現金で支払った。

	借　方　科　目	金　額	貸　方　科　目	金　額
(1)				
(2)				
(3)				

基本問題 9－3

8/ 1　A社に商品を¥560,000で販売し，代金は同社振出の約束手形＃24（振出日8月1日，満期日8月23日，支払場所X銀行）で受け取った。

12　B社から商品を¥780,000で仕入れ，代金は同社宛の約束手形＃20（振出日8月12日，満期日9月14日，支払場所Y銀行）を振り出して支払った。

23　8月1日にA社から受け取った約束手形＃24の満期日につき，取引銀行から当座預金口座に入金された旨の通知があった。

9/14　8月12日に振り出した約束手形＃20の満期日につき，当座預金口座から引き落とされた。

受取手形記入帳

日付		摘要	金額	手形種類	手形番号	支払人	振出人又は裏書人	振出日		満期日		支払場所	てん末		
													月日		摘　要

支払手形記入帳

日付		摘要	金額	手形種類	手形番号	受取人	振出人	振出日		満期日		支払場所	てん末		
													月日		摘　要

基本問題 9－4

次の取引を仕訳しなさい。

(1)　A社に¥500,000を貸し付け，同額の約束手形を受け取った。なお，貸付金は，利息¥2,000を差し引き，普通預金口座から振り込んだ。

(2)　B社から¥600,000を借り入れ，同額の約束手形を振り出した。なお，借入金は，利息¥3,000が差し引かれ，同額の小切手で受け取った。

(3)　上記(1)で受け取った約束手形の満期日が到来し，A社から小切手で返済された。

(4)　上記(2)で振り出した約束手形の満期日が到来し，B社に小切手を振り出して返済した。

	借　方　科　目	金　額	貸　方　科　目	金　額
(1)				
(2)				
(3)				
(4)				

基本問題 9－5

次の取引を仕訳しなさい。

(1)　A社に対する売掛金のうち￥300,000が電子債権記録機関に債権の発生として記録された。

(2)　上記(1)の電子記録債権の支払期日が到来し，当座預金口座によって決済された。

(3)　B社に対する買掛金のうち￥200,000が電子債権記録機関に債務の発生として記録された。

(4)　上記(3)の電子記録債務の支払期日が到来し，当座預金口座によって決済された。

	借　方　科　目	金　額	貸　方　科　目	金　額
(1)				
(2)				
(3)				
(4)				

応用問題 9－1

当社の決算整理前残高試算表（一部）は，次のとおりであった。これに基づいて，(1)・(2)に答えなさい。

決算整理前残高試算表

X2年３月31日

借　方	勘　定　科　目	貸　方
	:	
100,000	受　取　手　形	
150,000	売　掛　金	
	:	
	貸　倒　引　当　金	7,000
	:	

⑴　決算につき，受取手形と売掛金の期末残高に対して，４％の貸倒引当金を設定するための決算整理仕訳を示しなさい（差額補充法）。

⑵　上記⑴を踏まえて，解答欄の貸借対照表（一部）を完成させなさい。

⑴

借　方　科　目	金　額	貸　方　科　目	金　額

⑵

貸借対照表

X2年３月31日

資　産	金　額		負　債
		：	
受　取　手　形	（　　）		
（　　　　）	（　　）	（　　）	
売　掛　金	（　　）		
（　　　　）	（　　）	（　　）	
：		：	

第10章 固定資産

学習のポイント

1. 固定資産とは，1年を超える長期間にわたって営業活動のために使用する目的で保有する資産のことである。本書で学習する**有形固定資産**とは，具体的な存在形態を有する固定資産のことであり，**備品**勘定（資産）・**車両運搬具**勘定（資産）・**建物**勘定（資産）・**土地**勘定（資産）などで処理する。
2. 有形固定資産を**購入**（取得）した場合には，それを使用するまでに要した**付随費用**をその取得原価に含める。付随費用には，引取運賃・据付費・登録手数料・登記料・仲介手数料・整地費用などがある。
   （借）備　品　な　ど　××　（貸）現　金　な　ど　××
3. 保有する有形固定資産に対して，建物の増築・改築などのように，その価値を高めたり，使用可能年数を延長させるような支出のことを**改良**という（**資本的支出**）。一方，通常行われる修理・補修などのように，保有する有形固定資産の現状を維持させるための支出のことを**修繕**という（**収益的支出**）。
   ⑴　改良したとき：当該有形固定資産の帳簿価額を高める。
   （借）備　品　な　ど　××　（貸）現　金　な　ど　××
   ⑵　修繕したとき：当期の費用として計上する。
   （借）修　繕　費　××　（貸）現　金　な　ど　××
4. 決算日には，有形固定資産を**減価償却**する。これは，当該有形固定資産の価値が減少した分を当期の費用として計上し，その帳簿価額を減少させる手続きである。具体的には，**減価償却費**勘定（費用）の借方に記入し，**減価償却累計額**勘定（資産の評価勘定）の貸方に記入する（**間接法**による記帳方法）。また，その金額は，「(取得原価－残存価額)÷耐用年数」によって求める（**定額法**による計算方法）。このような手続きによって，当該有形固定資産の使用によって当期の収益の獲得に貢献した分を費用として計上し，使用や時の経過などによって価値が減少した分を当該資産の帳簿価額に反映させる。
   ⑴　有形固定資産の減価償却（基本的な考え方，**決算整理仕訳**）
   （借）減　価　償　却　費　××　（貸）減価償却累計額　××
   ①　減価償却（特に備品を減価償却するとき，**決算整理仕訳**）
   （借）減　価　償　却　費　××　（貸）備品減価償却累計額　××
   ②　減価償却（特に建物を減価償却するとき，**決算整理仕訳**）
   （借）減　価　償　却　費　××　（貸）建物減価償却累計額　××
   ⑵　有形固定資産の減価償却に関する一連の仕訳例
   ①　X1年4月1日に備品を¥300,000で購入したとき（耐用年数は3年，残存価額は取得原価の10%）
   （借）備　品　300,000　（貸）現　金　な　ど　300,000
   ②　X2年3月31日（決算日）に上記①で購入した備品を減価償却したとき（**決算整理仕訳**）
   （借）減　価　償　却　費　90,000　（貸）備品減価償却累計額　90,000

資産の評価勘定である減価償却累計額は，対象となる資産から控除するように借方に表示する。

貸 借 対 照 表

X2年３月31日

資　　産	金	額	負　　債
：		：	
備　　　品	300,000		
減価償却累計額	90,000	210,000	
建　　　物	××		
減価償却累計額	××	××	
：		：	

5．保有する有形固定資産（例：備品）を**売却**した場合には，当該有形固定資産の売却価額が帳簿価額よりも高ければ**固定資産売却益**勘定（収益）の貸方に記入し，低ければ**固定資産売却損**勘定（費用）の借方に記入する。

⑴　保有する備品（取得原価￥300,000，既償却額￥90,000）を￥250,000で売却したとき

（借）	備品減価償却累計額	90,000	（貸）	備　　　品	300,000
	現　金　な　ど	250,000		固定資産売却益	40,000

⑵　保有する備品（取得原価￥300,000，既償却額￥90,000）を￥200,000で売却したとき

（借）	備品減価償却累計額	90,000	（貸）	備　　　品	300,000
	現　金　な　ど	200,000			
	固定資産売却損	10,000			

基本問題10-1

次の取引を仕訳しなさい。

(1)　営業用の自動車を¥2,000,000で購入し，代金はそれに伴う諸経費¥250,000とともに月末までに支払うこととした。

(2)　店舗用の土地を¥8,000,000で購入し，代金はその整地費用，登記料，仲介手数料などを含めた¥500,000とともに小切手を振り出して支払った。

(3)　営業用のパソコン@¥150,000を20台購入し，代金は普通預金口座から振り込んで支払った。

(4)　商品保管用の倉庫を¥5,000,000で購入し，代金は月末までに支払うこととした。なお，それに伴う登記料，仲介手数料などを含めた¥400,000は現金で支払った。

	借方科目	金額	貸方科目	金額
(1)				
(2)				
(3)				
(4)				

基本問題10-2

次の取引を仕訳しなさい。

(1)　故障した事務機器の修理を行い，代金¥50,000を現金で支払った。

(2)　店舗を増築し，代金¥1,000,000は月末までに支払うこととした。

(3)　店舗を補修し，代金¥400,000は小切手を振り出して支払った。なお，この補修のうち30%は資本的支出とされ，残り70%は収益的支出とされた。

	借方科目	金額	貸方科目	金額
(1)				
(2)				
(3)				

基本問題10-3

次の取引を仕訳しなさい。

(1) X1年 4/1 備品を¥500,000で購入し，代金のうち¥300,000は小切手を振り出し，残額は月末までに支払うこととした。また，据付費として¥40,000を現金で支払った。なお，この備品は，定額法により，耐用年数を4年，残存価額は取得原価の10%として，減価償却することとした。

X2年 3/31 決算につき，当期首に購入した備品¥500,000を減価償却する。なお，記帳方法は間接法とする。

(2) X1年 4/1 建物を¥1,000,000で購入し，代金はすべて月末までに支払うこととした。また，登記料などとして¥200,000を現金で支払った。なお，この建物は，定額法により，耐用年数を8年，残存価額は取得原価の10%として，減価償却することとした。

X2年 3/31 決算につき，当期首に購入した建物¥1,000,000を減価償却する。なお，記帳方法は間接法とする。

(1)	借方科目	金額	貸方科目	金額
X1年 4/1				
X2年 3/31				

(2)	借方科目	金額	貸方科目	金額
X1年 4/1				
X2年 3/31				

応用問題10-1

当社の決算整理前残高試算表（一部）は，次のとおりであった。これに基づいて，(1)・(2)に答えなさい。

決算整理前残高試算表

X2年3月31日

借方	勘定科目	貸方
	：	
300,000	備品	
4,000,000	建物	
	：	
	備品減価償却累計額	75,000
	建物減価償却累計額	1,800,000
	：	

(1)　決算につき，保有する備品と建物について減価償却する仕訳を示しなさい。なお，定額法により，備品の耐用年数は4年・残存価額はゼロ，建物の耐用年数は10年・残存価額は取得原価の10％とすること。また，記帳方法は間接法とすること。

(2)　上記(1)を踏まえて，解答欄の貸借対照表（一部）を完成させなさい。

(1)

借方科目	金額	貸方科目	金額

(2)

貸借対照表

X2年3月31日

資産	金額		負債
：		：	
備品	(　　)		
(　　)	(　　)	(　　)	
建物	(　　)		
(　　)	(　　)	(　　)	
：		：	

第11章 純資産（資本）

学習のポイント

1．**株式の発行**を行い，これを購入して株主となった者から資金が払い込まれた場合には，**資本金**勘定（純資産）の貸方に記入する。なお，株式の発行は，会社を設立するときや増資するときに行われる。

（借）現　金　な　ど　××　（貸）資　本　金　××

2．決算時に**損益**勘定によって計算された当期純損益（当期純利益または当期純損失）は，**繰越利益剰余金**勘定（純資産）に振り替える（第4章の学習のポイント2⑵を参照）。

⑴　収益に属する各勘定の残高を損益勘定に振り替える仕訳（**決算振替仕訳**）

（借）収益に属する各勘定　××　（貸）損　益　××

⑵　費用に属する各勘定の残高を損益勘定に振り替える仕訳（**決算振替仕訳**）

（借）損　益　××　（貸）費用に属する各勘定　××

⑶　損益勘定の残高として計算された当期純損益を繰越利益剰余金勘定に振り替える仕訳

①　当期純利益が計算された場合（「収益>費用」の場合）（**決算振替仕訳**）

（借）損　益　××　（貸）繰越利益剰余金　××

②　当期純損失が計算された場合（「収益<費用」の場合）（**決算振替仕訳**）

（借）繰越利益剰余金　××　（貸）損　益　××

3．当期純利益の一部を株主に**配当**した場合には，**繰越利益剰余金**勘定（純資産）の借方に記入する。なお，配当は，株主総会などで決議され，実際に支払われるのは後日である。よって，配当が決定した場合には，**未払配当金**勘定（負債）で処理する。また，配当に際して，会社法の規定によって一定の金額を利益準備金として積み立てることが要求されたときには，**利益準備金**勘定（純資産）の貸方に記入する。

⑴　配当が決定した（決議された）とき

（借）繰越利益剰余金　××　（貸）未　払　配　当　金　××

⑵　上記⑴で決定した配当を実際に支払ったとき

（借）未　払　配　当　金　××　（貸）現　金　な　ど　××

⑶　利益準備金として積み立てたとき

（借）繰越利益剰余金　××　（貸）利　益　準　備　金　××

基本問題11－1

次の取引を仕訳しなさい。

⑴　当社を設立するにあたり，株式500株を@￥2,000で発行し，その全額が当座預金口座に払い込まれた。

⑵　増資するにあたり，株式200株を@￥2,500で発行し，その全額が当座預金口座に払い込まれた。

	借方科目	金額	貸方科目	金額
⑴				
⑵				

基本問題11－2

次の取引を仕訳しなさい。

⑴　決算につき，収益の総額は￥8,400,000，費用の総額は￥7,600,000であることがわかり，それぞれ損益勘定に振り替えた。そこで，これを繰越利益剰余金勘定に振り替える。

⑵　決算につき，収益の総額は￥5,600,000，費用の総額は￥6,300,000であることがわかり，それぞれ損益勘定に振り替えた。そこで，これを繰越利益剰余金勘定に振り替える。

	借方科目	金額	貸方科目	金額
⑴				
⑵				

基本問題11－3

次の取引を仕訳しなさい。

⑴　株主総会において，繰越利益剰余金のうち￥200,000を配当することが決議された。また，これに伴い，￥20,000を利益準備金として積み立てる。

⑵　上記⑴で決議された配当について，当座預金口座から支払った。

	借方科目	金額	貸方科目	金額
⑴				
⑵				

第12章 税　金

学習のポイント

1．株式会社に課される税金は，国によって課される国税（印紙税・法人税など）と地方公共団体によって課される地方税（固定資産税・住民税など）がある。なお，利益に基づいて課される税金は，税法上の規定によって調整計算を行うことを要する。しかし，本書では，税引前当期純利益の金額に税率を乗じて納税額を計算する（下記3を参照）。

2．利益とは異なる金額に基づいて課される税金（**印紙税**・**固定資産税**など）を支払った場合には，**租税公課**勘定（費用）で処理する（第14章の学習のポイント3⑵も参照）。

（借）租　税　公　課　××　（貸）現　金　な　ど　××

3．利益に基づいて課される税金（**法人税**・**住民税**・**事業税**）を支払ったときは，**法人税，住民税及び事業税**勘定（費用）で処理する。なお，決算日に納付額が決定したときには，それによって生じた債務を**未払法人税等**勘定（負債）で処理する。また，納付額が決定する前に中間納付をしたときには，それによって生じた債権を**仮払法人税等**勘定（資産）で処理する。

⑴　中間納付をしなかった場合

①　法人税等の納付額（¥10,000）が決定したとき

（借）法人税，住民税及び事業税　10,000　（貸）未払法人税等　10,000

②　法人税等を納付したとき

（借）未払法人税等　10,000　（貸）現　金　な　ど　10,000

⑵　中間納付をした場合

①　中間納付（¥4,000）をしたとき

（借）仮払法人税等　4,000　（貸）現　金　な　ど　4,000

②　法人税等の納付額（¥10,000）が決定したとき

（借）法人税，住民税及び事業税　10,000　（貸）仮払法人税等　4,000
　　　　　　　　　　　　　　　　　　　　　　　未払法人税等　6,000

③　法人税等を納付したとき

（借）未払法人税等　6,000　（貸）現　金　な　ど　6,000

4．**消費税**は，企業などが商品やサービスを提供した場合に，その売買代金に一定の税率を乗じた金額を加算して徴収し，国に納付する税金であり，これを負担するのは消費者である。商品の仕入時に支払った消費税は，仕入勘定に含めずに**仮払消費税**勘定（資産）で処理する。一方，商品の販売時に受け取った消費税は，売上勘定に含めずに**仮受消費税**勘定（負債）で処理する。このような処理方法を**税抜方式**という。なお，決算日に納付額が決定したときには，それによって生じた債務を**未払消費税**勘定（負債）で処理する。

⑴　商品を¥20,000（税抜）で仕入れたとき（消費税率10%）

（借）仕　　　　入　20,000　（貸）現　金　な　ど　22,000
　　　仮払消費税　2,000

⑵　商品を¥30,000（税抜）で販売したとき（消費税率10%）

（借）現　金　な　ど	33,000	（貸）売　　　　　上	30,000
		仮　受　消　費　税	3,000

⑶　上記⑴・⑵を踏まえて，消費税の納付額が決定したとき

（借）仮　受　消　費　税	3,000	（貸）仮　払　消　費　税	2,000
		未　払　消　費　税	1,000

⑷　上記⑶を踏まえて，消費税を納付したとき

（借）未　払　消　費　税	1,000	（貸）現　金　な　ど	1,000

基本問題12-1

次の取引を仕訳しなさい。

(1) 収入印紙¥20,000を購入し，代金は現金で支払った。

(2) 保有する建物の固定資産税¥500,000の納税通知書を受け取り，現金で納付した。

	借方科目	金額	貸方科目	金額
(1)				
(2)				

基本問題12-2

次の取引を仕訳しなさい。

(1) 法人税，住民税及び事業税について，¥300,000を現金で中間納付した。

(2) 決算日につき，法人税，住民税及び事業税の納税額が¥700,000と確定した。ただし，すでに¥300,000を中間納付している。

(3) 確定申告を行い，上記(2)で確定した法人税，住民税及び事業税を現金で納付した。

	借方科目	金額	貸方科目	金額
(1)				
(2)				
(3)				

基本問題12-3

次の取引を仕訳しなさい。ただし，商品売買については3分法で処理するとともに，消費税10%を考慮し，税抜方式で処理すること。

(1) 商品を¥500,000（税抜）で仕入れ，代金は月末までに支払うこととした。

(2) 商品を¥800,000（税抜）で販売し，代金は同額の約束手形で受け取った。

(3) 決算日につき，消費税の納付額を計算し，これを確定した。なお，仮払消費税勘定の残高は¥50,000，仮受消費税勘定の残高は¥80,000であった。

(4) 消費税の確定申告を行い，上記(3)で確定した金額を現金で納付した。

	借方科目	金額	貸方科目	金額
(1)				
(2)				
(3)				
(4)				

応用問題12-1

当社の決算整理前残高試算表（一部）は，次のとおりであった。これに基づいて，(1)・(2)に答えなさい。

決算整理前残高試算表

X2年3月31日

借方	勘定科目	貸方
	：	
510,000	仮払消費税	
90,000	仮払法人税等	
	：	
	仮受消費税	790,000
	：	

(1) 決算日につき，消費税の納付額を計算し，これを確定した。

(2) 決算日につき，法人税，住民税及び事業税の納税額が¥250,000と確定した。

	借方科目	金額	貸方科目	金額
(1)				
(2)				

第13章 伝　票

学習のポイント

1．伝票を用いた取引の記録は**伝票会計制度**と呼ばれる。
2．**3伝票制**は，入金伝票，出金伝票，振替伝票を用いて取引を記録する方法である。**入金伝票**には現金の受入れ（入金取引）が，**出金伝票**には現金の支払い（出金取引）が，**振替伝票**には現金の受払い以外の取引（振替取引）が記録される。

入　金　伝　票	
X1年4月10日	
売　　上	70,000

出　金　伝　票	
X1年4月15日	
買　掛　金	40,000

（借方）振　替　伝　票		振　替　伝　票（貸方）	
X1年4月20日		X1年4月20日	
仕　　入	50,000	支払手形	50,000

3．一部振替取引（一部に現金の受払いを伴う振替取引）においては，①**取引を分解する方法**，②**取引を擬制する方法**のいずれかで取引を処理する。
4．伝票の内容を総勘定元帳へ転記する方法には，**個別転記**と**合計転記**がある。

※本章の問題は，商品売買を３分法で処理することを前提として出題している。

基本問題13-１

次の取引について３伝票制によって起票する場合，下に示した３種類の伝票の空欄①～⑧に当てはまる勘定科目と金額を答えなさい。なお，記入がなされない空欄には「－」と解答しなさい。

入金伝票		出金伝票	
勘定科目	金額	勘定科目	金額
（①）	（②）	（③）	（④）

（借方）振替伝票		振替伝票（貸方）	
借方科目	金額	貸方科目	金額
（⑤）	（⑥）	（⑦）	（⑧）

(1)　仕入先Ａ社に対する買掛金￥100,000の支払いのため，約束手形を振り出した。

(2)　得意先Ｂ社に商品￥250,000を販売し，代金のうち￥50,000は注文時に受け取った内金と相殺し，残額は現金で受け取った。取引を分解する方法で起票すること。

(3)　備品を￥450,000で購入し，代金のうち￥300,000は現金で支払い，残額は月末に支払うことにした。ⓐ取引を分解する方法と，ⓑ取引を擬制する方法の２つの方法で起票すること。

		入金伝票		出金伝票		振替伝票			
		勘定科目	金額	勘定科目	金額	借方科目	金額	貸方科目	金額
		①	②	③	④	⑤	⑥	⑦	⑧
(1)									
(2)									
(3)	ⓐ								
	ⓑ								

基本問題13-2

次の取引について3伝票制によって起票した伝票の空欄に当てはまる勘定科目と金額を答えなさい。

取引：得意先Ａ社に商品¥170,000を販売し，代金のうち¥70,000は現金で受け取り，残額は掛けとした。

ⓐ　取引を分解する方法

入　金　伝　票

勘定科目	金　額
（　　　　　）	70,000

（借方）　振　替　伝　票

借方科目	金　額
売 掛 金	（　　　　　）

振　替　伝　票　（貸方）

貸方科目	金　額
売　　上	（　　　　　）

ⓑ　取引を擬制する方法

入　金　伝　票

勘定科目	金　額
（　　　　　）	70,000

（借方）　振　替　伝　票

借方科目	金　額
売 掛 金	（　　　　　）

振　替　伝　票　（貸方）

貸方科目	金　額
売　　上	（　　　　　）

応用問題13-1

次の8月1日から4日までに起票された伝票について，現金勘定，売掛金勘定，買掛金勘定，売上勘定，仕入勘定への個別転記を示しなさい。なお，当社は3伝票制を採用している。

8月1日：

入金伝票	
X1年8月1日	
売掛金	60,000

(借方) 振替伝票		振替伝票 (貸方)	
X1年8月1日		X1年8月1日	
仕入	40,000	買掛金	40,000

8月2日：

出金伝票	
X1年8月2日	
消耗品費	5,000

(借方) 振替伝票		振替伝票 (貸方)	
X1年8月2日		X1年8月2日	
受取手形	80,000	売上	80,000

8月3日：

入金伝票		出金伝票	
X1年8月3日		X1年8月3日	
売上	90,000	仕入	65,000

8月4日：

(借方)　振　替　伝　票 X1年8月4日		振　替　伝　票　(貸方) X1年8月4日	
仕　　入	30,000	当　座　預　金	30,000

(借方)　振　替　伝　票 X1年8月4日		振　替　伝　票　(貸方) X1年8月4日	
備　　品	50,000	未　払　金	50,000

現　　金

8/ 1		30,000	(　　)	(　　)	(　　)
(　　)	(　　)	(　　)	(　　)	(　　)	(　　)
(　　)	(　　)	(　　)			

売　掛　金

8/ 1		110,000	(　　)	(　　)	(　　)

買　掛　金

			8/ 1		50,000
			(　　)	(　　)	(　　)

売　　上

			8/ 1		120,000
			(　　)	(　　)	(　　)
			(　　)	(　　)	(　　)

仕　　入

8/ 1		100,000			
(　　)	(　　)	(　　)			
(　　)	(　　)	(　　)			
(　　)	(　　)	(　　)			

第14章 収益と費用

学習のポイント

1．収益・費用の前受け・前払いと未収・未払い

(1) **費用の前払い**とは，決算日において，すでに代価は支払ったが，そのサービスの提供を受けていない期間があることをいう。この場合には，当該期間に対応するすでに計上済みの**費用を控除して**，次期以降の費用に加えるために，**資産として計上**する必要がある（**決算整理仕訳**）。

（借）前払費用の勘定 ××　（貸）費用の勘定 ××
　　（資産）　　　　　　　　（費用）

例：決算日に保険料の前払いがあった場合

（借）前払保険料 ××　（貸）保険料 ××

(2) **収益の前受け**とは，決算日において，すでに代価は受け取ったが，そのサービスを提供していない期間があることをいう。この場合には，当該期間に対応するすでに計上済みの**収益を控除して**，次期以降の収益に加えるために，**負債として計上**する必要がある（**決算整理仕訳**）。

（借）収益の勘定 ××　（貸）前受収益の勘定 ××
　　（収益）　　　　　　　　（負債）

例：決算日に家賃の前受けがあった場合

（借）受取家賃 ××　（貸）前受家賃 ××

(3) **費用の未払い**とは，決算日において，まだ代価は支払っていないが，そのサービスの提供をすでに受けた期間があることをいう。この場合には，当該期間に対応する未計上の費用を**当期の費用に加えて**計上し，同額を**負債として計上**する必要がある（**決算整理仕訳**）。

（借）費用の勘定 ××　（貸）未払費用の勘定 ××
　　（費用）　　　　　　　　（負債）

例：決算日に利息の未払いがあった場合

（借）支払利息 ××　（貸）未払利息 ××

(4) **収益の未収**とは，決算日において，まだ代価は受け取っていないが，そのサービスを提供した期間があることをいう。この場合には，当該期間に対応する未計上の収益を**当期の収益に加えて**計上し，同額を**資産として計上**する必要がある（**決算整理仕訳**）。

（借）未収収益の勘定 ××　（貸）収益の勘定 ××
　　（資産）　　　　　　　　（収益）

例：決算日に利息の未収があった場合

（借）未収利息 ××　（貸）受取利息 ××

(5) 上記(1)～(4)の仕訳例で示した前払費用の勘定（資産）（例：前払保険料勘定など），前受収益の勘定（負債）（例：前受家賃など），未払費用の勘定（負債）（例：未払利息など），未収収益の勘定（資産）（例：未収利息など）を**経過勘定**という。

⑹ 決算日に上記⑴～⑷のような決算整理仕訳をしたならば，翌期首（次期の期首）には**再振替仕訳**をする必要がある。再振替仕訳では，前期末の決算整理仕訳の反対仕訳を行う。これによって，⑴・⑵では，前期に控除した費用・収益が当期の費用・収益として計上される。一方，⑶・⑷では，前期にすでに計上した費用・収益が当期の費用・収益から控除される。

2．消耗品を購入したときには，**消耗品費**勘定（費用）で処理する。なお，決算日における消耗品の未使用分は，換金性が低いため資産としては計上せず，あくまで購入した会計期間の費用とする。

（借）消　耗　品　費 ××　（貸）現　金　な　ど ××

3．決算日における郵便切手や収入印紙の未使用分は，換金性が高いため資産（貯蔵品）として計上する。購入時には，郵便切手は**通信費**勘定（費用），収入印紙は**租税公課**勘定（費用）で処理しているので，決算日における未使用分は，それぞれ**貯蔵品**勘定（資産）に振り替える。

⑴ 郵便切手に関する処理

① 郵便切手を購入したとき

（借）通　　信　　費 ××　（貸）現　金　な　ど ××

② 決算日に郵便切手の未使用分があった場合（**決算整理仕訳**）

（借）貯　　蔵　　品 ××　（貸）通　　信　　費 ××

⑵ 収入印紙に関する処理

① 収入印紙を購入したとき

（借）租　税　公　課 ××　（貸）現　金　な　ど ××

② 決算日に収入印紙の未使用分があった場合（**決算整理仕訳**）

（借）貯　　蔵　　品 ××　（貸）租　税　公　課 ××

基本問題14-1

次の取引を仕訳しなさい。

X1年　7/ 1　新規に保険契約を結び，保険料1年分￥120,000を現金で支払った。

X2年　3/31　決算につき，当期の7月1日に支払った保険料の前払分を控除し，次期に繰り越す（繰り延べる）。なお，月割計算をすること。

4/ 1　前期末に計上した前払保険料について再振替仕訳をした。

	借　方　科　目	金　　額	貸　方　科　目	金　　額
X1年 7/ 1				
X2年 3/31				
4/ 1				

基本問題14-2

次の取引を仕訳しなさい。

X1年　8/ 1　新規に建物の賃貸契約を結び，家賃1年分￥150,000を現金で受け取った。

X2年　3/31　決算につき，当期の8月1日に受け取った家賃の前受分を控除し，次期に繰り越す（繰り延べる）。なお，月割計算をすること。

4/ 1　前期末に計上した前受家賃について再振替仕訳をした。

	借　方　科　目	金　　額	貸　方　科　目	金　　額
X1年 8/ 1				
X2年 3/31				
4/ 1				

基本問題14- 3

次の取引を仕訳しなさい。

X1年　11/ 1　銀行から¥300,000を現金で借り入れた。なお，借入期間は1年，利息（年利率4％）は返済時に支払うこととした。

X2年　3/31　決算につき，当期の11月1日に銀行から金銭を借り入れたことに伴う利息の未払分を計上する。なお，月割計算をすること。

4/ 1　前期末に計上した未払利息について再振替仕訳をした。

	借　方　科　目	金　　額	貸　方　科　目	金　　額
X1年 11/ 1				
X2年 3/31				
4/ 1				

基本問題14- 4

次の取引を仕訳しなさい。

X1年　9/ 1　A社に¥500,000を現金で貸し付けた。なお，貸付期間は1年，利息（年利率3％）は返済時に支払われることとした。

X2年　3/31　決算につき，当期の9月1日にA社に金銭を貸し付けたことに伴う利息の未収分を計上する。なお，月割計算をすること。

4/ 1　前期末に計上した未収利息について再振替仕訳をした。

	借　方　科　目	金　　額	貸　方　科　目	金　　額
X1年 9/ 1				
X2年 3/31				
4/ 1				

基本問題14-5

決算につき，次の決算整理事項について決算整理仕訳を示しなさい。

(1)　利息の未収分￥50,000があった。

(2)　すでに支払った家賃のうち前払分￥80,000があった。

(3)　利息の未払分￥30,000があった。

(4)　すでに受け取った地代のうち前受分￥60,000があった。

	借方科目	金額	貸方科目	金額
(1)				
(2)				
(3)				
(4)				

基本問題14-6

次の取引を仕訳しなさい。

X1年　10/15　消耗品￥30,000，郵便切手￥10,000，収入印紙￥20,000を購入し，現金で支払った。

X2年　3/31　決算につき，郵便切手と収入印紙の未使用分を確認したところ，それぞれ￥6,000分と￥9,000分があった。

	借方科目	金額	貸方科目	金額
X1年 10/15				
X2年 3/31				

応用問題14-1

当社の決算整理前残高試算表（一部）は，次のとおりであった。これに基づいて，(1)～(3)に答えなさい。

決算整理前残高試算表

X2年3月31日

借　方	勘定科目	貸　方
	：	
30,000	通　信　費	
	：	
180,000	保　険　料	
	：	

(1) 決算につき，郵便切手の未使用分￥8,000を適切な勘定に振り替える決算整理仕訳を示しなさい。

(2) 保険料はすべてX1年5月1日に新規に契約し，向こう1年分として支払ったものであることを踏まえ，決算につき必要な決算整理仕訳を示しなさい（月割計算）。

(3) 決算につき，金銭の貸し付けに伴う利息の前受分￥7,000を適切に処理するための決算整理仕訳を示しなさい。

	借方科目	金　額	貸方科目	金　額
(1)				
(2)				
(3)				

決　算（2）

学習のポイント

1．決算とは，期末に総勘定元帳の記録を整理・集計し，各種帳簿を締め切り，財務諸表（貸借対照表と損益計算書）を作成する一連の手続きをいう（第4章の学習のポイントを参照）。

2．決算において，適正な財務諸表を作成するためには，決算振替仕訳を行う前に決算整理を行う必要がある。主な決算整理仕訳を示せば，次のとおりとなる。

(1) **現金過不足の処理**（第5章）

① 現金過不足勘定の借方に残高があり，決算日に至っても原因不明の場合

（借）雑　　　損　××　（貸）現金過不足　××

② 現金過不足勘定の貸方に残高があり，決算日に至っても原因不明の場合

（借）現金過不足　××　（貸）雑　　　益　××

③ 決算日において現金過不足が生じた場合（帳簿残高＞実際有高の場合）

（借）雑　　　損　××　（貸）現　　　金　××

④ 決算日において現金過不足が生じた場合（帳簿残高＜実際有高の場合）

（借）現　　　金　××　（貸）雑　　　益　××

(2) **当座借越の振替**（第5章）

決算日において当座預金勘定の貸方に残高がある場合（当座借越となっている場合）

（借）当座預金　××　（貸）当座借越 or 借入金　××

(3) **売上原価の計算**（第6章）

① 仕入勘定で売上原価を計算する場合

（借）仕　　　入　××　（貸）繰越商品　××

（借）繰越商品　××　（貸）仕　　　入　××

② 売上原価勘定で売上原価を計算する場合

（借）売上原価　××　（貸）繰越商品　××

（借）売上原価　××　（貸）仕　　　入　××

（借）繰越商品　××　（貸）売上原価　××

(4) **貸倒引当金の設定**（差額補充法）（第7章）

① 「貸倒れの見積り額＞貸倒引当金の残高」の場合

（借）貸倒引当金繰入　××　（貸）貸倒引当金　××

② 「貸倒れの見積り額＜貸倒引当金の残高」の場合

（借）貸倒引当金　××　（貸）貸倒引当金戻入　××

(5) **固定資産の減価償却**（間接法）（第10章）

（借）減価償却費　××　（貸）減価償却累計額　××

⑹ **収益・費用の前受け・前払いと未収・未払いの処理**（第14章）

① 費用の前払いがあった場合

（借）前払費用の勘定　××　（貸）費用の勘定　××

② 収益の前受けがあった場合

（借）収益の勘定　××　（貸）前受収益の勘定　××

③ 費用の未払いがあった場合

（借）費用の勘定　××　（貸）未払費用の勘定　××

④ 収益の未収があった場合

（借）未収収益の勘定　××　（貸）収益の勘定　××

⑺ **貯蔵品の処理**（第14章）

① 郵便切手に未使用分があった場合

（借）貯蔵品　××　（貸）通信費　××

② 収入印紙に未使用分があった場合

（借）貯蔵品　××　（貸）租税公課　××

⑻ **法人税，住民税及び事業税の計上**（第12章）

① 中間納付をしていなかった場合

（借）法人税，住民税及び事業税　××　（貸）未払法人税等　××

② 中間納付をしていた場合

（借）法人税，住民税及び事業税　××　（貸）仮払法人税等　××

未払法人税等　××

⑼ **未払消費税の計上**（第12章）

（借）仮受消費税　××　（貸）仮払消費税　××

未払消費税　××

3．帳簿の記録に基づいて財務諸表を作成するにあたっては，必ずしも勘定科目をそのまま財務諸表に表示する科目として用いるとは限らない（下記⑴・⑵を参照）。また，**貸倒引当金**勘定と**減価償却累計額**勘定は，資産の評価勘定であるので，帳簿では貸方残高となるが，貸借対照表には対象となる資産から控除するように借方に表示する（第7章の学習のポイント3⑴・第10章の学習のポイント4⑵②を参照）。

⑴ 損益計算書に表示する科目

① **売上**勘定（収益）の残高は，「**売上高**」として表示する。

② **仕入**勘定（費用）または**売上原価**勘定（費用）の残高は，「**売上原価**」として表示する。

⑵ 貸借対照表に表示する科目

① **繰越商品**勘定（資産）の残高は，「**商品**」として表示する。

② **前払費用の勘定**（資産）の残高は，「**前払費用**」として合算して表示する。

③ **前受収益の勘定**（負債）の残高は，「**前受収益**」として合算して表示する。

④ **未払費用の勘定**（負債）の残高は，「**未払費用**」として合算して表示する。

⑤ **未収収益の勘定**（資産）の残高は，「**未収収益**」として合算して表示する。

基本問題15-1

次の(A)X2年3月25日現在の合計試算表と(B)X2年3月26日から31日までの諸取引に基づいて，X2年3月31日現在の決算整理前合計残高試算表を作成しなさい。なお，決算日は毎年3月31日である。

（A）　X2年3月25日現在の合計試算表

合計試算表

X2年3月25日

借　方	勘定科目	貸　方
80,000	現金	25,000
80,000	当座預金	24,000
70,000	売掛金	25,000
20,000	備品	
18,000	買掛金	48,000
	借入金	50,000
	資本金	100,000
	繰越利益剰余金	10,000
5,000	売上	40,000
28,000	仕入	3,000
22,000	給料	
2,000	支払利息	
325,000		325,000

（B）　X2年3月26日から31日までの諸取引

3/26　商品を¥7,000で仕入れ，代金は来月末までに支払うこととした。なお，引取運賃¥200は現金で支払った。

27　商品を¥12,000で販売し，代金は現金で受け取った。

28　借入金¥20,000の返済のため，利息¥400とともに現金で支払った。

29　売掛金¥10,000を回収し，当座預金口座に振り込まれた。

30　買掛金¥8,000の支払いのため，小切手を振り出した。

31　給料¥2,000を当座預金口座から振り込んで支払った。

合計残高試算表

X2年３月31日

借方残高	借方合計	勘定科目	貸方合計	貸方残高
		現　　　　　金		
		当　座　預　金		
		売　　掛　　金		
		備　　　　　品		
		買　　掛　　金		
		借　　入　　金		
		資　　本　　金		
		繰越利益剰余金		
		売　　　　　上		
		仕　　　　　入		
		給　　　　　料		
		支　払　利　息		

基本問題15-2

次の(A)決算整理前残高試算表と(B)決算整理事項に基づいて，(1)〜(4)に答えなさい。ただし，消費税は考慮せずに処理すること。

(A) 決算整理前残高試算表

決算整理前残高試算表
X2年3月31日

借方	勘定科目	貸方
33,800	現金	
20,000	売掛金	
2,000	繰越商品	
8,000	備品	
	買掛金	5,000
	貸倒引当金	300
	備品減価償却累計額	3,600
	資本金	40,000
	繰越利益剰余金	7,000
	売上	26,700
12,000	仕入	
4,800	支払家賃	
2,000	租税公課	
82,600		82,600

(B) 決算整理事項

① 期末商品棚卸高は¥3,000であった。なお，売上原価は仕入勘定で計算すること。

② 売掛金の期末残高に対して2%の貸倒引当金を差額補充法により設定する。

③ 備品について，耐用年数4年，残存価額は取得原価の10%，定額法により減価償却を行う。

④ 支払家賃¥4,800はX1年7月1日に向こう1年分の家賃として支払ったものである。

⑤ 収入印紙の未使用分は¥600であった。

(1) 決算整理事項(B)①〜⑤に基づいて，必要な決算整理仕訳を示しなさい。

	借方科目	金額	貸方科目	金額
①				
②				
③				
④				
⑤				

(2) 上記(1)を踏まえ，下記①～③の指示に従って，必要な決算振替仕訳を示しなさい。

① 収益の各勘定を損益勘定に振り替える。

② 費用の各勘定を損益勘定に振り替える。

③ 損益勘定を繰越利益剰余金勘定に振り替える。

	借方科目	金額	貸方科目	金額
①				
②				
③				

(3) 上記(1)・(2)で示した仕訳を各勘定口座に転記し，各勘定口座を締め切り，繰越試算表を完成させなさい。なお，各勘定口座には，期中取引の仕訳の合計額がまとめて転記されている。

現　金

4/1	前期繰越	32,900	期中	期中合計	20,800
期中	期中合計	21,700	(　)	(　)	(　)
		(　)			(　)
(　)	(　)	(　)			

売　掛　金

4/1	前期繰越	15,000	期中	期中合計	21,700
期中	期中合計	26,700	(　)	(　)	(　)
		(　)			(　)
(　)	(　)	(　)			

繰越商品

4/1	前期繰越	2,000	(　)	(　)	(　)
(　)	(　)	(　)	(　)	(　)	(　)
		(　)			(　)
(　)	(　)	(　)			

問題

前払家賃

( )	( )	( )	( )	( )	( )
( )	( )	( )			

貯蔵品

( )	( )	( )	( )	( )	( )
( )	( )	( )			

備品

4/1	前期繰越	8,000	( )	( )	( )
( )	( )	( )			

買掛金

期中	期中合計	14,000	4/1	前期繰越	7,000
( )	( )	( )	期中	期中合計	12,000
		( )			( )
			( )	( )	( )

貸倒引当金

( )	( )	( )	4/1	前期繰越	300
			( )	( )	( )
		( )			( )
			( )	( )	( )

備品減価償却累計額

( )	( )	( )	4/1	前期繰越	3,600
			( )	( )	( )
		( )			( )
			( )	( )	( )

資　本　金

(　)	(　)	(　)	4/1	前期繰越	40,000
			(　)	(　)	(　)

繰越利益剰余金

(　)	(　)	(　)	4/1	前期繰越	7,000
			(　)	(　)	(　)
		(　)			(　)
			(　)	(　)	(　)

売　上

(　)	(　)	(　)	期中	期中合計	26,700

仕　入

期中	期中合計	12,000	(　)	(　)	(　)
(　)	(　)	(　)	(　)	(　)	(　)
		(　)			(　)

貸倒引当金繰入

(　)	(　)	(　)	(　)	(　)	(　)

減価償却費

(　)	(　)	(　)	(　)	(　)	(　)

支払家賃

期中	期中合計	4,800	(　)	(　)	(　)
			(　)	(　)	(　)
		(　)			(　)

租　税　公　課

期中	期　中　合　計	2,000	(　　)	(　　)	(　　)
			(　　)	(　　)	(　　)
		(　　)			(　　)

損　　　益

3/31	(　　)	(　　)	(　　)	(　　)	(　　)
〃	(　　)	(　　)			
〃	(　　)	(　　)			
〃	(　　)	(　　)			
〃	(　　)	(　　)			
〃	(　　)	(　　)			
		(　　)			(　　)

繰越試算表

X2年３月31日

借　方	勘定科目	貸　方
	現　　　金	
	売　掛　金	
	繰　越　商　品	
	前　払　家　賃	
	貯　蔵　品	
	備　　　品	
	買　掛　金	
	貸　倒　引　当　金	
	備品減価償却累計額	
	資　本　金	
	繰越利益剰余金	

(4) 上記(1)～(3)を踏まえ，損益計算書と貸借対照表を完成させなさい。

損 益 計 算 書

○社　　自 X1年4月1日　至 X2年3月31日　　(単位：円)

費　用	金　額	収　益	金　額
(　　)	(　　)	(　　)	(　　)
貸倒引当金繰入	(　　)		
減価償却費	(　　)		
支払家賃	(　　)		
租税公課	(　　)		
当期純利益	(　　)		
	(　　)		(　　)

貸 借 対 照 表

○社　　X2年3月31日　　(単位：円)

資　産	金　額		負債および純資産	金　額
現　金		(　　)	買掛金	(　　)
売掛金	(　　)		資本金	(　　)
貸倒引当金	(　　)	(　　)	繰越利益剰余金	(　　)
(　　)		(　　)		
前払(　　)		(　　)		
貯蔵品		(　　)		
備　品	(　　)			
減価償却累計額	(　　)	(　　)		
		(　　)		(　　)

基本問題15-3

次の(A)決算整理前残高試算表と(B)決算整理事項に基づいて，損益計算書と貸借対照表を完成させなさい。なお，会計期間は，X1年4月1日からX2年3月31日までである。

（A）　決算整理前残高試算表

決算整理前残高試算表

X2年3月31日

借　方	勘定科目	貸　方
162,900	現　　　　金	
50,000	当　座　預　金	
20,000	普　通　預　金	
40,000	受　取　手　形	
50,000	売　掛　金	
20,000	貸　付　金	
18,000	繰　越　商　品	
40,000	備　　　　品	
140,000	建　　　　物	
	買　掛　金	48,520
	借　入　金	30,000
	貸　倒　引　当　金	3,000
	備品減価償却累計額	8,000
	建物減価償却累計額	37,800
	資　本　金	300,000
	繰越利益剰余金	22,000
	売　　　　上	200,000
	受　取　家　賃	3,600
	受　取　利　息	500
90,000	仕　　　　入	
17,000	給　　　　料	
4,800	保　険　料	
720	支　払　利　息	
653,420		653,420

（B）　決算整理事項

(1)　期末商品棚卸高は￥15,000であった。なお，売上原価は仕入勘定で計算すること。

(2)　受取手形と売掛金の期末残高に対して５％の貸倒引当金を設定する（差額補充法）。

(3)　備品（耐用年数４年，残存価額ゼロ）と建物（耐用年数10年，残存価額は取得原価の10%）について減価償却を行う（定額法）。

(4)　すでに支払った保険料のうち前払分￥800があった。

(5)　すでに受け取った家賃のうち前受分￥1,200があった。

(6)　利息の未払分￥1,500があった。

(7) 利息の未収分¥1,000があった。

損益計算書

○社　　自 X1年4月1日　至 X2年3月31日　（単位：円）

費　用	金　額	収　益	金　額
売上原価	(　　)	売上高	(　　)
給料	(　　)	受取家賃	(　　)
貸倒引当金繰入	(　　)	受取利息	(　　)
減価償却費	(　　)		
保険料	(　　)		
支払利息	(　　)		
当期純利益	(　　)		
	(　　)		(　　)

貸借対照表

○社　　X2年3月31日　（単位：円）

資　産	金　額		負債および純資産	金　額
現金		(　　)	買掛金	(　　)
当座預金		(　　)	借入金	(　　)
普通預金		(　　)	前受収益	(　　)
受取手形	(　　)		未払費用	(　　)
貸倒引当金	(　　)	(　　)	資本金	(　　)
売掛金	(　　)		繰越利益剰余金	(　　)
貸倒引当金	(　　)	(　　)		
貸付金		(　　)		
商品		(　　)		
前払費用		(　　)		
未収収益		(　　)		
備品	(　　)			
減価償却累計額	(　　)	(　　)		
建物	(　　)			
減価償却累計額	(　　)	(　　)		
		(　　)		(　　)

応用問題15-1

次の(A)決算整理前残高試算表と(B)決算整理事項に基づいて，損益計算書と貸借対照表を作成しなさい。なお，会計期間は，×1年4月1日から×2年3月31日である。

（A）決算整理前残高試算表

決算整理前残高試算表

×2年3月31日

借　方	勘定科目	貸　方
270,000	現金	
200,000	当座預金	
50,000	受取手形	
40,000	売掛金	
30,000	繰越商品	
100,000	備品	
	支払手形	30,000
	買掛金	30,000
	借入金	250,000
	貸倒引当金	400
	減価償却累計額	18,000
	資本金	300,000
	繰越利益剰余金	5,000
	売上	310,000
	受取手数料	12,600
200,000	仕入	
50,000	給料	
10,000	通信費	
6,000	保険料	
956,000		956,000

（B） 決算整理事項

⑴ 現金の実際有高は¥270,300であったが，不一致の原因は不明である。

⑵ 受取手形と売掛金の期末残高に対して，２％の貸倒れを見積もる（差額補充法）。

⑶ 期末商品棚卸高は¥50,000である。

⑷ 備品を定額法により減価償却する。なお，耐用年数は５年，残存価額は取得原価の10%とする。

⑸ 郵便切手の期末未使用分は¥3,000である。

⑹ すでに受け取った手数料のうち前受分¥2,100があった。

⑺ 保険料は，×１年11月１日に向こう１年分の保険料として支払ったものである。

損益計算書

○社　　×１年４月１日から×２年３月31日まで　　（単位：円）

費用	金額	収益	金額
（　　）	（　　）	（　　）	（　　）
給料	（　　）	受取手数料	（　　）
貸倒引当金繰入	（　　）	雑益	（　　）
減価償却費	（　　）		
通信費	（　　）		
保険料	（　　）		
当期純利益	**（　　）**		
	（　　）		（　　）

貸借対照表

○社　　×2年3月31日　　(単位：円)

資産	金額		負債および純資産	金額
現金		( )	支払手形	( )
当座預金		( )	買掛金	( )
受取手形	( )		借入金	( )
( )	( )	( )	前受収益	( )
売掛金	( )		資本金	( )
( )	( )	( )	繰越利益剰余金	( )
( )		( )		
貯蔵品		( )		
前払費用		( )		
備品	( )			
( )	( )	( )		
		( )		( )

精　算　表

学習のポイント

1. 精算表は，決算の手続きにおける試算表の作成から損益計算書と貸借対照表の作成に至るまでの過程を一覧表にしたものである。これは，決算本手続きに先立って，決算の概略を把握するために役立てられる。
2. 基本問題4-4・4-5で作成した6桁精算表には，「残高試算表」「損益計算書」「貸借対照表」の各欄が設けられていた。一方，本章で学習する**8桁精算表**には，決算整理した結果を記入するための「**整理記入**」欄（または「**修正記入**」欄）が設けられている。
3. 8桁精算表は，「残高試算表」欄の金額に，「整理記入」欄の金額を加減して，「損益計算書」または「貸借対照表」の各欄に記入して作成する。

精　算　表
×2年3月31日

勘定科目	残高試算表		整理記入		損益計算書		貸借対照表	
	借　方	貸　方	借　方	貸　方	借　方	貸　方	借　方	貸　方
資産の勘定	×× →		(+)×× →		→	→	××	
	×× →		→	(−)×× →	→	→	××	
負債の勘定		×× →	(−)×× →	→	→	→	→	××
		×× →	→	(+)×× →	→	→	→	××
純資産（資本）の勘定		×× →	(−)×× →	→	→	→	→	××
		×× →	→	(+)×× →	→	→	→	××
収益の勘定		×× →	(−)×× →	→	→	××		
		×× →	→	(+)×× →	→	××		
費用の勘定	×× →		(+)×× →	→	××			
	×× →		→	(−)×× →	××			
	××	××						
追加の勘定(資産)			×× →	→	→	→	××	
追加の勘定(負債)				×× →	→	→	→	××
追加の勘定(収益)				×× →	→	××		
追加の勘定(費用)			×× →	→	××			
当期純利益					**××**	←	金額が一致 →	××
			××	××	××	××	××	××

基本問題16- 1

次の決算整理事項に基づいて，精算表を完成させなさい。なお，会計期間は，X2年４月１日からX3年３月31日までである。

⑴　期末商品棚卸高は￥31,000であった。なお，売上原価は「仕入」の行で計算すること。

⑵　受取手形と売掛金の期末残高に対して４％の貸倒引当金を設定する（差額補充法）。

⑶　備品（耐用年数４年，残存価額ゼロ）と建物（耐用年数10年，残存価額は取得原価の10％）について減価償却を行う（定額法）。

⑷　すでに支払った保険料のうち前払分￥900があった。

⑸　すでに受け取った家賃のうち前受分￥600があった。

⑹　利息の未払分￥240があった。

⑺　利息の未収分￥100があった。

精 算 表

X3年３月31日

勘定科目	残高試算表		整理記入		損益計算書		貸借対照表	
	借方	貸方	借方	貸方	借方	貸方	借方	貸方
現金	180,000							
当座預金	40,000							
普通預金	10,000							
受取手形	30,000							
売掛金	40,000							
貸付金	12,000							
繰越商品	23,000							
備品	16,000							
建物	140,000							
買掛金		48,520						
借入金		16,000						
貸倒引当金		1,500						
備品減価償却累計額		8,000						
建物減価償却累計額		37,800						
資本金		300,000						
繰越利益剰余金		48,000						
売上		123,000						
受取家賃		3,000						
受取利息		500						
仕入	74,000							
給料	17,000							
保険料	3,600							
支払利息	720							
	586,320	586,320						
貸倒引当金(　　)								
減価償却費								
前払保険料								
前受家賃								
未払利息								
未収利息								
当期純(　　)								

基本問題16-2

次の決算整理事項に基づいて，精算表を完成させなさい。なお，会計期間は，X4年4月1日からX5年3月31日までである。

(1) 期末商品棚卸高は¥34,000であった。なお，売上原価は「売上原価」の行で計算すること。

(2) 受取手形と売掛金の期末残高に対して3％の貸倒引当金を設定する（差額補充法)。

(3) 備品（耐用年数5年，残存価額ゼロ）と建物（耐用年数15年，残存価額は取得原価の10％）について減価償却を行う（定額法)。

(4) すでに支払った保険料のうち前払分¥5,000があった。

(5) すでに受け取った家賃のうち前受分¥10,500があった。

(6) 利息の未払分¥1,600があった。

(7) 利息の未収分¥600があった。

精 算 表

X5年3月31日

勘定科目	残高試算表		整理記入		損益計算書		貸借対照表	
	借 方	貸 方	借 方	貸 方	借 方	貸 方	借 方	貸 方
現 金	50,000							
当 座 預 金	60,000							
普 通 預 金	30,000							
受 取 手 形	50,000							
売 掛 金	70,000							
貸 付 金	40,000							
繰 越 商 品	29,000							
備 品	50,000							
建 物	190,000							
買 掛 金		90,000						
借 入 金		80,000						
貸 倒 引 当 金		5,000						
備品減価償却累計額		30,000						
建物減価償却累計額		45,600						
資 本 金		300,000						
繰越利益剰余金		89,000						
売 上		133,600						
受 取 家 賃		42,000						
受 取 利 息		1,800						
仕 入	186,800							
給 料	28,000							
保 険 料	30,000							
支 払 利 息	3,200							
	817,000	817,000						
売 上 原 価								
貸倒引当金(　　)								
減 価 償 却 費								
前 払 保 険 料								
前 受 家 賃								
未 払 利 息								
未 収 利 息								
当 期 純 (　　)								

基本問題16-3

次の決算整理事項に基づいて，精算表を完成させなさい。なお，会計期間は，X7年4月1日からX8年3月31日までである。

(1) 現金過不足について調査したところ，￥5,000は消耗品を購入したときの記帳漏れであったことが判明したが，残額の原因は不明であった。

(2) 当座預金勘定の貸方残高を当座借越勘定に振り替えた。

(3) 期末商品棚卸高は￥38,000であった。なお，売上原価は「仕入」の行で計算すること。

(4) 受取手形と売掛金の期末残高に対して3％の貸倒引当金を設定する（差額補充法）。

(5) 備品（耐用年数3年，残存価額は取得原価の10％）と建物（耐用年数10年，残存価額はゼロ）について減価償却を行う（定額法）。

(6) 郵便切手の未使用分が￥4,000，収入印紙の未使用分が￥5,000あった。

精 算 表

X8年3月31日

勘定科目	残高試算表		整理記入		損益計算書		貸借対照表	
	借 方	貸 方	借 方	貸 方	借 方	貸 方	借 方	貸 方
現 金	130,000							
現 金 過 不 足	9,000							
当 座 預 金		22,000						
普 通 預 金	50,000							
受 取 手 形	80,000							
売 掛 金	90,000							
貸 付 金	80,000							
繰 越 商 品	45,000							
備 品	60,000							
建 物	200,000							
買 掛 金		80,000						
借 入 金		50,000						
貸 倒 引 当 金		4,000						
備品減価償却累計額		18,000						
建物減価償却累計額		140,000						
資 本 金		300,000						
繰 越 利 益 剰 余 金		71,000						
売 上		260,000						
受 取 利 息		1,600						
仕 入	100,600							
給 料	50,000							
保 険 料	12,000							
消 耗 品 費	4,000							
通 信 費	13,000							
租 税 公 課	22,000							
支 払 利 息	1,000							
	946,600	946,600						
雑 （ ）								
（ ）								
貸倒引当金（ ）								
減 価 償 却 費								
貯 蔵 品								
当 期 純（ ）								

応用問題16-1

次の決算整理事項等に基づいて，精算表を完成させなさい。なお，会計期間は，X7年4月1日からX8年3月31日までである。また，収益・費用の前受け・前払い・未収・未払いの処理は，月割計算で行うこと。

(1) 仮払金は，旅費交通費の概算額として従業員に渡していたものであったが，これを精算し，不足額¥3,000を当座預金口座から振り込んで支払った。

(2) 仮受金は，得意先からの売掛金の回収額であったことが判明した。

(3) 現金の実際有高を調査したところ，帳簿残高よりも¥2,000不足していたが，その原因は不明であった。

(4) 期末商品棚卸高は¥29,000であった。なお，売上原価は「売上原価」の行で計算すること。

(5) 受取手形と売掛金の期末残高に対して4％の貸倒引当金を設定する（差額補充法）。

(6) 備品（耐用年数4年，残存価額ゼロ）と建物（耐用年数10年，残存価額は取得原価の10％）について減価償却を行う（定額法）。

(7) 保険料は，X7年6月1日に新規に契約を結び，1年分の保険料として支払ったものである。

(8) 借入金は，X7年8月1日にX銀行から借り入れたものである。なお，借入期間は1年，利息（年利率3％）は返済時に支払うこととなっている。

(9) 消費税の納付額を計算し，これを確定した。なお，当社は消費税について税抜方式で処理している。

(10) 法人税，住民税及び事業税¥9,600を計上する。

精 算 表

X8年３月31日

勘定科目	残高試算表		整理記入		損益計算書		貸借対照表	
	借 方	貸 方	借 方	貸 方	借 方	貸 方	借 方	貸 方
現 金	144,000							
当 座 預 金	50,000							
普 通 預 金	100,000							
受 取 手 形	40,000							
売 掛 金	90,000							
繰 越 商 品	31,000							
仮 払 金	20,000							
仮 払 消 費 税	10,000							
備 品	20,000							
建 物	200,000							
買 掛 金		50,000						
借 入 金		100,000						
仮 受 金		30,000						
仮 受 消 費 税		30,000						
貸 倒 引 当 金		3,000						
備品減価償却累計額		10,000						
建物減価償却累計額		72,000						
資 本 金		300,000						
繰越利益剰余金		30,000						
売 上		300,000						
受 取 利 息		2,000						
仕 入	100,000							
給 料	70,000							
旅 費 交 通 費	22,000							
保 険 料	30,000							
	927,000	927,000						
雑 （ ）								
売 上 原 価								
貸倒引当金（ ）								
減 価 償 却 費								
（ ）保 険 料								
支 払 利 息								
（ ） 利 息								
未 払 消 費 税								
法人税，住民税および事業税								
未 払 法 人 税 等								
当 期 純（ ）								

総合問題

基本問題17-1

次の取引を仕訳しなさい。ただし，使用する勘定科目は下表から選択すること。また，(1)・(2)は消費税（税率10%）を考慮して税抜方式で処理し，(3)～(20)は消費税を考慮せずに処理すること。

現金	現金過不足	小口現金	当座預金	普通預金
受取手形	電子記録債権	売掛金	クレジット売掛金	貸付金
手形貸付金	立替金	前払金	未収入金	仮払金
受取商品券	差入保証金	仮払消費税	仮払法人税等	繰越商品
備品	建物	貯蔵品	貸倒引当金	備品減価償却累計額
建物減価償却累計額	支払手形	電子記録債務	買掛金	借入金
手形借入金	当座借越	所得税預り金	社会保険料預り金	前受金
未払金	仮受金	仮受消費税	未払消費税	未払法人税等
資本金	繰越利益剰余金	売上	受取手数料	受取家賃
受取地代	貸倒引当金戻入	償却債権取立益	受取利息	雑益
固定資産売却益	仕入	発送費	給料	法定福利費
広告宣伝費	支払手数料	旅費交通費	貸倒引当金繰入	貸倒損失
減価償却費	通信費	消耗品費	水道光熱費	支払家賃
支払地代	保険料	租税公課	修繕費	雑費
支払利息	雑損	固定資産売却損	法人税，住民税及び事業税	現金過不足

(1) A社から商品を￥300,000（税抜価格）で仕入れ，代金は月末までに支払うこととした。なお，消費税10%を考慮して，税抜方式で処理すること。

(2) B社に商品を￥500,000（税抜価格）で販売し，代金は同社振出の小切手で受け取った。なお，消費税10%を考慮して，税抜方式で処理すること。

(3) C社から商品を￥200,000で仕入れ，代金は先に内金として支払っていた￥20,000を差し引き，残額は約束手形を振り出して支払った。また，この商品仕入に伴う引取運賃￥3,000は現金で支払った。

⑷　顧客に商品を¥100,000で販売し，代金はクレジットカードが呈示されて支払われた。なお，当社では，クレジットカード会社に支払う手数料（販売代金の４％）を販売時に計上している。

⑸　月末につき，用度係から次のような小口現金からの支払いに関する報告を受け，ただちに小切手を振り出して補給した。なお，当社では，定額資金前渡制度（インプレスト・システム）を採用している。

旅費交通費　¥8,000　　　消 耗 品 費　¥5,000

⑹　先にＤ社に商品を販売した際に，その代金として受け取っていた同社振出の約束手形¥300,000が決済され，同額が当座預金口座に入金された。

⑺　Ｅ銀行からの借入金のうち¥400,000の返済期日が到来し，利息¥8,000の支払いとともに普通預金口座から振り込んで返済した。

⑻　現金の実際有高を調査したところ，帳簿残高よりも¥80,000不足していた。なお，当社の決算日は毎年３月31日であり，本日は８月31日である。

⑼　給料¥1,000,000の支払いにあたり，源泉所得税¥100,000と社会保険料¥50,000の従業員負担分を差し引き，普通預金口座から振り込んだ。

⑽　増資にあたり，株式1,000株を@¥5,000で発行し，その全額が当座預金口座に払い込まれた。

⑾　保有する備品を¥100,000で売却し，代金は月末までに受け取ることとした。なお，当該備品の取得原価は¥600,000，既償却額は¥405,000であり，間接法により記帳している。

⑿　得意先Ｆ社に対する売掛金¥200,000が電子記録債権の発生として記録された。

⒀　顧客に商品を¥70,000で販売し，代金のうち¥30,000はＧ市が発行した商品券で受け取り，残額は現金で受け取った。

⒁　得意先Ｈ社が倒産し，同社に対する売掛金¥300,000を貸倒れとして処理した。なお，この売掛金は，前期に掛販売した際に計上したものであり，貸倒引当金の残高は¥80,000であった。

⒂　店舗として使用していた建物の賃借契約を解除し，当該契約を結んだときに支払っていた敷金¥250,000について，修繕費¥120,000が差し引かれた残額が当座預金口座に振り込まれた。

⒃　Ｉ社に商品を¥500,000で販売し，代金のうち¥100,000は同社振出の小切手で受け取り，残額は同社振出の約束手形で受け取った。

⒄　Ｊ社から商品を¥400,000で仕入れ，代金は小切手を振り出して支払った。また，この商品仕入に伴う引取運賃¥3,000は現金で支払った。

⒅　前期に貸倒れとして処理したＫ社に対する売掛金¥300,000のうち¥50,000を現金で回収した。

⒆　Ｌ社に商品を¥180,000で販売し，代金は先に内金として受け取っていた¥36,000を差し引き，残額は月末までに受け取ることとした。また，この商品販売に伴う発送費¥5,000（Ｌ社負担）は現金で支払った。

⒇　決算につき，法人税，住民税及び事業税の納税額を計上した。なお，税率は30%であり，当社の当期における税引前当期純利益は¥456,000であった。また，当社は期中に中間申告をしており，¥50,000をすでに納付済みである。

	借方科目	金額	貸方科目	金額
(1)				
(2)				
(3)				
(4)				
(5)				
(6)				
(7)				
(8)				
(9)				
(10)				
(11)				
(12)				
(13)				
(14)				

⒂				
⒃				
⒄				
⒅				
⒆				
⒇				

基本問題17-2

次の⑴～⑸の取引がそれぞれ記帳されることになる補助簿をすべて選び「○」を付しなさい。

(1) A社から商品を¥30,000で仕入れ，代金のうち¥10,000は小切手を振り出し，残額は約束手形を振り出して支払った。

(2) B社に商品¥100,000（原価¥70,000）を販売し，代金のうち¥40,000は同社振出の約束手形で受け取り，残額は月末までに受け取ることとした。

(3) 先にC社に販売した商品のうち¥5,000が返品され，売掛金と相殺して処理した。

(4) 用度係から当月の小口現金の支払いについて，旅費交通費¥12,000，通信費¥8,000，消耗品費¥2,000との報告を受け，必要な金額の小切手を振り出して補給した。

(5) 先に受け取ったB社振出の約束手形¥40,000の支払期日を迎え，同額が当座預金口座に振り込まれた。

	小口現金出納帳	当座預金出納帳	仕入帳	売上帳	支払手形記入帳	受取手形記入帳	買掛金元帳	売掛金元帳	商品有高帳
(1)									
(2)									
(3)									
(4)									
(5)									

基本問題17-3

次の資料Aと資料Bに基づいて，月末の合計残高試算表と売掛金および買掛金の明細表を作成しなさい。

（資料A）X1年5月25日現在の合計試算表

合計試算表

X1年5月25日

借方合計	勘定科目	貸方合計
440,000	現金	396,000
643,000	当座預金	450,000
333,000	受取手形	202,000
989,000	売掛金	730,000
63,000	繰越商品	
135,000	備品	
94,000	支払手形	189,000
440,000	買掛金	655,000
25,000	未払金	30,000
24,000	預り金	24,000
25,000	借入金	150,000
	資本金	400,000
	繰越利益剰余金	4,000
10,000	売上	900,000
636,000	仕入	6,000
208,000	給料	
32,000	水道光熱費	
38,000	支払家賃	
1,000	支払利息	
4,136,000		4,136,000

（資料B）X1年5月26日から31日までの諸取引

26日　A社に商品¥20,000を販売し，代金は来月末までに受け取ることとした。
　　　X社より商品¥10,000を仕入れ，代金は来月末までに支払うこととした。
　　　A社振出の約束手形¥5,000が決済され，当座預金口座に振り込まれた。

27日　B社に商品¥30,000を販売し，代金は来月末までに受け取ることとした。

A社に26日に販売した商品の一部に汚れがあったため，¥2,000の返品に応じ，売掛金を相殺して処理した。

Y社より商品¥30,000を仕入れ，代金は約束手形を振り出して支払った。

X社に対する買掛金¥10,000を支払うため，約束手形を振り出して支払った。

29日　C社に商品¥40,000を販売し，代金は掛けとした。

Z社より商品¥15,000を仕入れ，代金は約束手形を振り出して支払った。

次のとおり買掛金を支払うため，小切手を振り出した。X社¥12,000，Y社¥23,000，Z社¥34,000。

30日　今月分の家賃¥30,000を現金で支払った。

かねて備品を購入していた店に対する未払金¥5,000を現金で支払った。

31日　次のとおり売掛金が回収され，すべて当座預金口座に振り込まれた。A社¥50,000，B社¥40,000，C社¥35,000。

合計残高試算表

X1年5月31日

借方残高	借方合計	勘定科目	貸方合計	貸方残高
		現金		
		当座預金		
		受取手形		
		売掛金		
		繰越商品		
		備品		
		支払手形		
		買掛金		
		未払金		
		預り金		
		借入金		
		資本金		
		繰越利益剰余金		
		売上		
		仕入		
		給料		
		水道光熱費		
		支払家賃		
		支払利息		

売掛金明細表

	5月25日	5月31日
A社	90,000円	円
B社	99,000	
C社	70,000	
	259,000円	円

買掛金明細表

	5月25日	5月31日
X社	85,000円	円
Y社	55,000	
Z社	75,000	
	215,000円	円

基本問題17-4

次の取引について各伝票に起票しなさい。なお，当社では，３伝票制を採用している。また，一部振替取引については，①取引を分解する方法と②取引を擬制する方法でそれぞれ起票しなさい。

商品を¥30,000で仕入れ，代金のうち¥5,000は現金で支払い，残額は月末までに支払うこととした。

①

出　金　伝　票	
(　　　　　　)	(　　　　　　)

(借方)　振　替　伝　票		振　替　伝　票　(貸方)	
(　　　　　　)	(　　　　　　)	(　　　　　　)	(　　　　　　)

②

(借方)　振　替　伝　票		振　替　伝　票　(貸方)	
(　　　　　　)	(　　　　　　)	(　　　　　　)	(　　　　　　)

出　金　伝　票	
(　　　　　　)	(　　　　　　)

基本問題17-5

次の（A）決算整理前残高試算表と（B）決算整理事項等に基づいて，損益計算書と貸借対照表を完成させなさい。なお，会計期間は，X7年４月１日からX8年３月31日までである。また，収益・費用の前受け・前払い・未収・未払いの処理は，月割計算で行うこと。

（A）　決算整理前残高試算表

決算整理前残高試算表

X8年3月31日

借　　方	勘定科目	貸　　方
260,620	現　　　　金	
	当　座　預　金	5,000
40,000	普　通　預　金	
10,000	受　取　手　形	
30,000	売　掛　金	
20,000	貸　付　金	
40,000	繰　越　商　品	
20,000	仮　払　金	
14,000	仮払消費税	
22,000	備　　　　品	
66,000	建　　　　物	
	買　掛　金	10,000
	借　入　金	80,000
	仮　受　金	10,000
	仮受消費税	25,000
	貸倒引当金	500
	備品減価償却累計額	11,000
	建物減価償却累計額	17,820
	資　本　金	300,000
	繰越利益剰余金	20,000
	売　　　　上	250,000
	受　取　家　賃	18,000
	受　取　利　息	300
140,000	仕　　　　入	
52,000	給　　　　料	
12,000	旅費交通費	
6,000	保　険　料	
7,000	通　信　費	
8,000	租　税　公　課	
747,620		747,620

（B） 決算整理事項等

⑴ 仮払金は，旅費交通費の概算額として従業員に渡していたものであったが，これを精算し，現金￥4,000を受け取った。

⑵ 仮受金は，得意先からの売掛金の回収額であったことが判明した。

⑶ 現金の実際有高を調査したところ，帳簿残高よりも￥840過剰であったが，その原因は不明であった。

⑷ 当座預金勘定の貸方残高を借入金勘定に振り替えた。

⑸ 期末商品棚卸高は￥43,000であった。

⑹ 受取手形と売掛金の期末残高に対して２％の貸倒引当金を設定する（差額補充法）。

⑺ 備品（耐用年数４年，残存価額ゼロ）と建物（耐用年数10年，残存価額は取得原価の10％）について減価償却を行う（定額法）。

⑻ 保険料は，X7年６月１日に新規に契約を結び，１年分の保険料として支払ったものである。

⑼ 受取家賃は，X7年12月１日に新規に賃貸契約を結び，１年分の家賃として受け取ったものである。

⑽ 借入金￥80,000は，X7年11月１日にX銀行から借り入れたものである。なお，借入期間は１年，利息（年利率３％）は返済するときに支払うこととした。

⑾ 貸付金は，X7年10月１日に取引先Y社に貸し付けたものである。なお，貸付期間は１年間，利息（年利率４％）は返済されるときに受け取ることとした。

⑿ 郵便切手の未使用分が￥3,000，収入印紙の未使用分が￥4,000あった。

⒀ 消費税の納付額を計算し，これを確定した。なお，当社は消費税について税抜方式で処理している。

⒁ 税引前当期純利益の30％を法人税，住民税及び事業税として計上する。

損益計算書

○社　　　自 X7年4月1日　至 X8年3月31日　　　(単位：円)

費用	金額	収益	金額
売上原価	(　　)	売上高	(　　)
給料	(　　)	受取家賃	(　　)
旅費交通費	(　　)	受取利息	(　　)
保険料	(　　)	雑益	(　　)
通信費	(　　)		
租税公課	(　　)		
貸倒引当金繰入	(　　)		
減価償却費	(　　)		
支払利息	(　　)		
法人税，住民税及び事業税	(　　)		
当期純利益	(　　)		
	(　　)		(　　)

貸借対照表

○社　　　X8年3月31日　　　(単位：円)

資産	金額		負債および純資産	金額
現金		(　　)	買掛金	(　　)
普通預金		(　　)	借入金	(　　)
受取手形	(　　)		未払消費税	(　　)
貸倒引当金	(　　)	(　　)	未払法人税等	(　　)
売掛金	(　　)		前受収益	(　　)
貸倒引当金	(　　)	(　　)	未払費用	(　　)
貸付金		(　　)	資本金	(　　)
商品		(　　)	繰越利益剰余金	(　　)
貯蔵品		(　　)		
備品	(　　)			
減価償却累計額	(　　)	(　　)		
建物	(　　)			
減価償却累計額	(　　)	(　　)		
前払費用		(　　)		
未収収益		(　　)		
		(　　)		(　　)

[解答・解説]

第１章　複式簿記の目的と基礎概念

基本問題１－１

①	②～④（順不同）		
貸借対照表	資　産	負　債	純資産
⑤	⑥～⑦（順不同）		⑧
損益計算書	収　益	費　用	借　方
⑨	⑩	⑪	⑫
貸　方	会計期間	期　首	期　末

なお，貸借対照表の要素のうち「純資産」のことを「純資産（資本）」と解答してもよい。ただし，貸借対照表には「純資産」として表示されることを確認しておくこと。

解　説

本章の学習のポイント３・４・５を参照すること。

なお，財務諸表に表示される５つの要素（資産・負債・純資産・収益・費用）には，様々な勘定科目が含まれる。勘定科目とは，簿記における記録・計算の単位となる勘定の名称のことであり，第３章で詳しく学習するが，まずは基本問題１－２を解くことによって，その内容を確認しておくこと。

基本問題１－２

(1)	(2)	(3)	(4)	(5)	(6)	(7)	(8)
ア	ウ	ア	オ	エ	オ	イ	オ
(9)	(10)	(11)	(12)	(13)	(14)	(15)	
エ	ア	ア	エ	ウ	ア	イ	

解　説

本問で出題されたものを５つの要素別に整理すれば，下表のとおりとなる。

資　産	負　債	純資産	収　益	費　用
現金	買掛金	資本金	商品売買益	給料
売掛金	借入金	繰越利益剰余金	受取手数料	広告宣伝費
商品			受取利息	支払利息
備品				
建物				

［参考］分記法と3分法

本書では，第6章で商品売買の処理方法として，分記法と3分法という2つの異なる処理方法を学習する。分記法では，本問で出題されたように，商品売買について「商品」（資産）・「商品売買益」（収益）という勘定科目を使用して処理する。一方，3分法では，「売上」（収益）・「仕入」（費用）・「繰越商品」（資産）という勘定科目を使用して処理するが，本問では出題されていない。

このように商品売買を3分法で処理する場合には，「商品売買益」（収益）は使用しないが，「商品」（資産）は貸借対照表に表示する際に使用する（第15章の学習のポイント3(2)を参照）。

基本問題1－3

(1)	(2)	(3)
¥　35,000	¥　15,000	¥　20,000

(4)

貸借対照表

A社　X1年4月1日　（単位：円）

資　産	金　額	負債および純資産	金　額
現　金	15,000	買掛金	7,000
売掛金	4,000	借入金	8,000
商　品	6,000	資本金	20,000
備　品	10,000		
	35,000		35,000

解　説

(1)　資料のうち，資産という要素に属するのは，「現金」・「売掛金」・「商品」・「備品」である。よって，これらの金額を合計すれば，「現金¥15,000＋売掛金¥4,000＋商品¥6,000＋備品¥10,000＝資産の合計¥35,000」と求められる。なお，「現金」は，通貨（紙幣・硬貨）などを表すので，資産に属する（第5章）。また，「売掛金」は，商品を販売した際の代金を後日受け取ることとした場合に生じる債権（商品の販売代金を将来受け取ることのできる権利）を表すので，資産に属する（第7章）。さらに，「商品」は，販売することを目的として仕入れたが，まだ販売していないもの（商品の在庫）を表すので，資産に属する（第6章）。これに対し，「備品」は，長期にわたって使用することを目的として購入し，まだ保有・使用しているものを表すので，資産に属する（第10章）。

(2)　資料のうち，負債という要素に属するのは，「買掛金」・「借入金」である。よって，これらの金額を合計すれば，「買掛金¥7,000＋借入金¥8,000＝負債の合計¥15,000」と求められる。なお，「買掛金」は，商品を仕入れた際の代金を後日支払うこととした場合に生じる債務（商品の仕入代金を将来支払う義務）を表すので，負債に属する（第7章）。また，「借入金」は，銀行などの金融機関や他企業から金銭を借り入れた際に生じた債務（借り入れた金銭を将来返済する義務）を表すので，負債に属する（第8章）。

⑶　A社の資産の合計￥35,000と負債の合計￥15,000を純資産（資本）等式で示せば,「資産￥35,000－負債￥15,000＝純資産（資本）￥20,000」と求められる。なお，貸借対照表等式「資産＝負債＋純資産（資本)」を用いて求めてもよい。

⑷　資産に属する「現金」・「売掛金」・「商品」・「備品」は，貸借対照表の借方（左側）に表示する。また，負債に属する「買掛金」・「借入金」は，貸借対照表の貸方（右側）に表示する。純資産の合計￥20,000は，すべて「資本金」として表示することが指示されているので，これを貸借対照表の貸方（右側）に表示する。このように，貸借対照表の借方（左側）の合計金額と貸方（右側）の合計金額は一致する（第３章の学習のポイント２を参照)。

［参考］分記法と３分法

基本問題１－２で解説したように，商品売買を３分法で処理したとしても，貸借対照表に表示する際には「商品」（資産）を使用する（第15章の学習のポイント３⑵を参照)。

基本問題１－４

⑴	⑵	⑶
￥　132,000	￥　99,000	￥　33,000

⑷

損益計算書

B社　　X1年４月１日からX2年３月31日まで　　(単位：円)

費用	金額	収益	金額
給料	60,000	商品売買益	100,000
広告宣伝費	10,000	受取手数料	30,000
支払家賃	20,000	受取利息	2,000
旅費交通費	5,000		
支払利息	4,000		
当期純利益	**33,000**		
	132,000		132,000

解　説

⑴　資料のうち，収益という要素に属するのは，「商品売買益」・「受取手数料」・「受取利息」である。よって，これらの金額を合計すれば，「商品売買益￥100,000＋受取手数料￥30,000＋受取利息￥2,000＝収益の合計￥132,000」と求められる。

⑵　資料のうち，費用という要素に属するのは，「給料」・「広告宣伝費」・「支払家賃」・「旅費交通費」・「支払利息」である。よって，これらの金額を合計すれば，「給料￥60,000＋広告宣伝費￥10,000＋支払家賃￥20,000＋旅費交通費￥5,000＋支払利息￥4,000＝費用の合計￥99,000」と求

められる。

(3) 期間損益（当期純損益：当期純利益または当期純損失）の計算方法には，財産法と損益法の２つの方法があり，どちらでも計算可能である。本問では，(1)・(2)において，収益の合計が￥132,000，費用の合計が￥99,000であることがわかったので，損益法により「収益￥132,000－費用￥99,000＝当期純利益￥33,000」と求められる。

(4) 収益に属する「商品売買益」・「受取手数料」・「受取利息」は，損益計算書の貸方（右側）に表示する。また，費用に属する「給料」・「広告宣伝費」・「支払家賃」・「旅費交通費」・「支払利息」は，損益計算書の借方（左側）に表示する。それらの差額として求められた当期純利益￥33,000は，費用の下に赤字で記入する。なお，(3)において，期間損益が当期純利益（収益＞費用）としてではなく，当期純損失（収益＜費用）として求められたならば，これを収益の下に赤字で記入する。ただし，少なくとも学習簿記上は，問題に特別な指示がない限りは，赤字での記入を省略しても構わない（本書ではゴシックで示す）。このように，損益計算書の借方（左側）の合計金額と貸方（右側）の合計金額は一致する（第３章の学習のポイント２を参照）。

［参考］分記法と３分法

基本問題１－２で解説したように，商品売買を３分法で処理した場合には，「商品売買益」（収益）は使用しない（第６章の学習のポイント１を参照）。

基本問題１－５

①	②	③	④
4,000	7,800	3,400	9,100
⑤	⑥	⑦	⑧
9,900	△2,200	6,900	1,700
⑨	⑩	⑪	⑫
8,700	2,000	4,000	4,500

解　説

貸借対照表と損益計算書の関係は，学習のポイント７に図示したとおりである。この図を理解したうえで，各社の金額を当てはめて計算すればよい。期間損益（当期純利益）が財産法と損益法のいずれによっても計算可能であり，両者の計算結果が一致することを特に確認しておくこと。

(1) まず，期首の貸借対照表に着目すれば，①は「資産￥6,700－純資産￥2,700＝負債￥4,000（①）」と求められる。次に，損益計算書に着目すれば，その金額だけでは②・③は求められないことがわかる。しかし，③は財産法により「期末純資産￥6,100－期首純資産￥2,700＝当期純利益￥3,400（③）」と求められる。その上で，損益計算書に着目すれば，②は「費用￥4,400＋当期純利益￥3,400（③より）＝収益￥7,800（②）」と求められる。最後に，期末の貸借対照表に着目すれば，④は「負債￥3,000＋純資産￥6,100＝資産￥9,100（④）」と求められる。

(2) まず，期首の貸借対照表に着目すれば，⑤は「負債￥6,000＋純資産￥3,900＝資産￥9,900（⑤）」と求められる。次に，損益計算書に着目すれば，⑥は「収益￥5,800－費用￥8,000＝当期純利益△￥2,200（⑥）」（損益法）と求められる。なお，当期純利益が△￥2,200であるということは，￥2,200の当期純損失が生じたことを意味する。続いて，期末の貸借対照表に着目すれば，その金額だけでは⑦・⑧は求められないことがわかる。しかし，⑧は財産法により「期末純資産（⑧）－期首純資産￥3,900＝当期純利益￥△2,200（⑥より）」という算式が成立することから「期首純資産￥3,900＋当期純利益￥△2,200（⑥より）＝期末純資産￥1,700（⑧）」と求められる。その上で，期末の貸借対照表に着目すれば，⑦は「資産￥8,600－純資産￥1,700（⑧より）＝負債￥6,900（⑦）」と求められる。

(3) まず，期首の貸借対照表に着目すれば，その金額だけでは⑨・⑩は求められないことがわかる。そこで次に，損益計算書に着目すれば，⑪は「収益￥6,500－当期純利益￥2,500＝費用￥4,000（⑪）」と求められる。続いて，期末の貸借対照表に着目すれば，⑫は「資産￥8,000－負債￥3,500＝純資産￥4,500（⑫）」と求められる。そうすれば，⑩は財産法により「期末純資産￥4,500（⑫より）－期首純資産（⑩）＝当期純利益￥2,500」という算式が成立することから「期末純資産￥4,500（⑫より）－当期純利益￥2,500＝期首純資産￥2,000（⑩）」と求められる。また，期首の貸借対照表から，⑨は「負債￥6,700＋純資産￥2,000（⑩より）＝資産￥8,700（⑨）」と求められる。

基本問題 1－6

(1)

損 益 計 算 書

C社　　X1年4月1日からX1年4月30日まで　　(単位：円)

費　用	金　額	収　益	金　額
給　　料	2,000	商品売買益	4,000
支払利息	1,000	受取手数料	1,000
当期純利益	**4,000**	受取利息	2,000
	7,000		7,000

(2)

貸 借 対 照 表

C社　　X1年4月30日　　(単位：円)

資　産	金　額	負債および純資産	金　額
現　　金	25,000	買　掛　金	11,000
売　掛　金	18,000	借　入　金	15,000
商　　品	13,000	資　本　金	30,000
貸　付　金	7,000	繰越利益剰余金	7,000
	63,000		63,000

解　説

本問は，資料で期首（X1年４月１日）の貸借対照表が示され，⑴で損益計算書（X1年４月１日～X1年４月30日）を作成し，⑵で期末（X1年４月30日）の貸借対照表を作成する問題である。

⑴　収益に属する「商品売買益」¥4,000・「受取手数料」¥1,000・「受取利息」¥2,000は，損益計算書の貸方（右側）に表示する。また，費用に属する「給料」¥2,000・「支払利息」¥1,000は，損益計算書の借方（左側）に表示する。収益¥7,000と費用¥3,000の差額として求められた当期純利益¥4,000は，費用の下に記入する（赤字記入は省略）。

⑵　資産に属する「現金」¥25,000・「売掛金」¥18,000・「商品」¥13,000・「貸付金」¥7,000は，貸借対照表の借方（左側）に記入する。また，負債に属する「買掛金」¥11,000・「借入金」¥15,000は，貸借対照表の貸方（右側）に記入する。また，資産¥63,000と負債¥26,000の差額¥37,000は，純資産として表示する。なお，本問では，純資産の合計¥37,000のうち，すでに¥30,000が「資本金」として表示されているので，残額¥7,000を「繰越利益剰余金」として表示する。このように，損益計算書に表示した当期純利益は，貸借対照表では「繰越利益剰余金」（純資産）に含めて表示する（下図参照）。換言すれば，期末貸借対照表の「繰越利益剰余金」¥7,000は，期首貸借対照表の「繰越利益剰余金」¥3,000に，当期の損益計算書で計算された当期純利益¥4,000を加算した金額となる。このことは，第4章で詳しく学習する。

（期首）貸借対照表

資　産	負　債
	純資産 資本金 ¥30,000 繰越利益剰余金 ¥3,000

損益計算書

費　用	収　益
¥3,000	¥7,000
当期純利益 ¥4,000	

（期末）貸借対照表

資　産	負　債
	純資産 資本金 ¥30,000 繰越利益剰余金 ¥7,000

＋当期純利益　¥4,000

［参考］分記法と３分法

基本問題１－３・１－４の解説（［参考］分記法と３分法）を参照すること。詳しくは第６章・第15章で学習する。

第２章　取引の意義と種類

基本問題２－１

(1)	(2)	(3)	(4)	(5)
×	○	×	○	○

解　説

簿記において記録の対象となる取引（簿記上の取引）とは，資産・負債・純資産を増減させる事象のことである。なお，学習のポイント１の図でいえば，１に(1)・(3)が該当し，２に(4)が該当し，３に(2)・(5)が該当する。

(1)　商品の注文を受けただけでは，資産・負債・純資産のいずれも増減しないので，簿記上の取引には該当しない。たとえば，「商品の注文を受けて，その代金の一部を現金で受け取った」場合には，「現金」（資産）が増加し（第５章），「前受金」（負債）が増加するので（第８章），簿記上の取引となる。

(2)　株式会社では，株式を発行し，これを購入して株主となった者から払い込まれた資金を元手として企業活動を行う。株主から払い込まれた資金（株主からの出資金）は，簿記では原則としてすべて「資本金」という純資産に属する科目で表す（第11章）。よって，現金による出資を受けたことによって，「現金」（資産）が増加し，「資本金」（純資産）が増加するので，簿記上の取引に該当する。

(3)　建物を借りる契約を結んだだけでは，資産・負債・純資産のいずれも増減しないので，簿記上の取引には該当しない。たとえば，「建物を借りる契約を結び，敷金を現金で支払った」場合には，「現金」という資産が減少し，「差入保証金」という資産が増加するので（第８章），簿記上の取引となる。

(4)　火災により商品保管用の倉庫を焼失したことによって，「建物」（資産）が減少するので，簿記上の取引に該当する。なお，建物などの固定資産については第10章で学習するが，建物を火災によって焼失したという取引の処理は本書の学習対象外である。

(5)　商品を仕入れたことによって，「商品」という資産が増加し，「現金」という資産が減少する。このように，これは資産を増減させる取引なので，簿記上の取引に該当する。

［参考］分記法と３分法

(5)の取引は，商品売買（商品仕入）である。分記法では，商品を仕入れることによって，「商品」（資産）が増加し，「現金」（資産）が減少するととらえる。一方，３分法では，「仕入」（費用）が発生し，「現金」（資産）が減少するととらえる。いずれにしても簿記上の取引であることに変わりない。

なお，(5)の取引の仕訳を示せば，次のとおりとなる。

(5)　分記法による仕訳

（借）	商　　品	100,000	（貸）	現　　金	100,000

３分法による仕訳

（借）	仕　　入	100,000	（貸）	現　　金	100,000

基本問題２－２

(1)	(2)	(3)	(4)	(5)	(6)	(7)	(8)
ア	イ	ア	ウ	イ	ア	ア	ウ

解　説

取引は，収益・費用を発生させるか否かによって，損益取引と交換取引に大別できる。（ア）収益・費用を発生させない取引を交換取引という。これに対し，（イ）収益・費用を発生させる取引を損益取引という。また，（ウ）交換取引と損益取引が混在する取引を混合取引という。

(1)　この取引では，「現金」（資産）が増加し（第５章），「資本金」など（純資産）が増加する（第11章）。よって，これは収益・費用を発生させない取引なので，交換取引である。

(2)　この取引では，「給料」（費用）が発生し，「現金」（資産）が減少する。よって，これは費用を発生させる取引なので，損益取引である。

(3)　この取引では，「現金」（資産）が増加し，「借入金」（負債）が増加する（第８章）。よって，これは収益・費用を発生させない取引なので，交換取引である。

(4)　この取引は，「借入金」（負債）が減少し，「現金」（資産）が減少するので，交換取引である。また同時に，「支払利息」（費用）が発生し（第８章），「現金」（資産）が減少するので，損益取引でもある。よって，これは交換取引と損益取引が混在しているので，混合取引である。

(5)　この取引では，「現金」（資産）が増加し，「受取手数料」（収益）が発生する。よって，これは収益を発生させる取引なので，損益取引である。

(6)　この取引では，「備品」（資産）が増加し（第10章），「現金」（資産）が減少する。よって，これは収益・費用を発生させない取引なので，交換取引である。なお，商品陳列用の棚などのように，企業が長期にわたって使用することを目的として購入し，保有しているものを「備品」として表す（第10章）。

(7)　この取引では，「商品」（資産）が増加し，「現金」（資産）が減少する。よって，これは収益・費用を発生させない取引なので，交換取引である。

(8)　この取引は，資産（現金）が増加し，資産（商品）が減少するので，交換取引である。また同時に，「現金」（資産）が増加し，「商品売買益」（収益）が発生するので，損益取引でもある。よって，これは交換取引と損益取引が混在しているので，混合取引である。

［参考］分記法と３分法

(7)・(8)は，商品売買である。(7)を分記法によってとらえれば，上述のとおり交換取引となる。一方，３分法によって，「仕入」（費用）が発生し，「現金」（資産）が減少するととらえれば，損益取引となる。

(8)を分記法によってとらえれば，上述のとおり混合取引となる。一方，３分法によって，「現金」（資産）が増加し，「売上」（収益）が発生するととらえれば，損益取引となる。

解答・解説

［参考］仕訳

これらの取引の仕訳を示せば，次のとおりとなる。なお，(1)では，株主から払い込まれた金額のすべてを「資本金」として処理した。

(1)	(借)	現金	100,000	(貸)	資本金	100,000
(2)	(借)	給料	90,000	(貸)	現金	90,000
(3)	(借)	現金	50,000	(貸)	借入金	50,000
(4)	(借)	借入金	30,000	(貸)	現金	31,000
		支払利息	1,000			
(5)	(借)	現金	7,000	(貸)	受取手数料	7,000
(6)	(借)	備品	20,000	(貸)	現金	20,000
(7)	分記法による仕訳					
	(借)	商品	40,000	(貸)	現金	40,000
	3分法による仕訳					
	(借)	仕入	40,000	(貸)	現金	40,000
(8)	分記法による仕訳					
	(借)	現金	16,000	(貸)	商品	10,000
					商品売買益	6,000
	3分法による仕訳					
	(借)	現金	16,000	(貸)	売上	16,000

基本問題 2－3

①	②	③	④
増加	減少	減少	増加
⑤	⑥	⑦	⑧
減少	増加	貸方	借方

解　説

その要素が財務諸表の借方に表示されるものならば，「＋」（プラス：増加または発生）のときに借方に記入し，「－」（マイナス：減少または取消）のときに貸方に記入する。これとは反対に，その要素が財務諸表の貸方に表示されるものならば，「＋」（プラス：増加または発生）のときに貸方に記入し，「－」（マイナス：減少または取消）のときに借方に記入する。前者（財務諸表の借方に表示される要素）には資産・費用が該当し，後者（財務諸表の貸方に表示される要素）には負債・純資産・収益が該当する。

基本問題２－４

	借方の要素	貸方の要素
(1)	資産（現金）の増加	純資産（資本金）の増加
(2)	資産（現金）の増加	負債（借入金）の増加
(3)	負債（借入金）の減少 費用（支払利息）の発生	資産（現金）の減少
(4)	資産（現金）の増加	収益（受取手数料）の発生
(5)	資産（備品）の増加	資産（現金）の減少
(6)	費用（給料）の発生	資産（現金）の減少
(7)	資産（商品）の増加	資産（現金）の減少
(8)	資産（現金）の増加	資産（商品）の減少 収益（商品売買益）の発生

解　説

本書では，これまで「現金」（資産）などのように，いずれかの要素に属する科目をカギカッコ内に示すとともに，それが属するいずれかの要素をカッコ内に示して解説してきた。しかし，本問では，取引(1)～(8)を借方の要素と貸方の要素に分解することが求められているので，例にしたがって，まずはいずれの要素（資産・負債・純資産・収益・費用）が増加または発生するのか，減少するまたは取り消されるのかを示し，次にその要素に属する具体的な科目（「現金」など・「借入金」など・「資本金」など・「商品売買益」など・「支払利息」など）をカッコ内に示す必要がある。

取引は，財務諸表に表示される５つの要素の関係に基づいて結びついており，これを取引要素の結合関係という。また，複式簿記では，取引を借方（左側）と貸方（右側）に分解し，二面的に記録する。つまり，借方の要素１つ以上と貸方の要素１つ以上を組み合わせることによって，取引が表されることになる。なお，資産・負債・純資産という要素が増減した際，収益・費用という要素が発生または取り消された際に，それぞれ借方と貸方のいずれに記入すればよいかということは，基本問題２－３で学習したとおりである。

［参考］分記法と３分法

(7)・(8)は，商品売買である。これらを分記法によってとらえれば，上述のとおりとなる。一方，３分法によってとらえて解答すれば，次のとおりとなる。

(7)	費用（仕入）の発生	資産（現金）の減少
(8)	資産（現金）の増加	収益（売上）の発生

［参考］仕訳

これらの取引の仕訳を示せば，次のとおりとなる。なお，(1)では，株主から払い込まれた金額のすべてを「資本金」として処理した。

(1)	(借)	現　　　　金	200,000	(貸)	資　本　金	200,000
(2)	(借)	現　　　　金	100,000	(貸)	借　入　金	100,000
(3)	(借)	借　入　金	40,000	(貸)	現　　　　金	42,000
		支払利息	2,000			
(4)	(借)	現　　　　金	16,000	(貸)	受取手数料	16,000
(5)	(借)	備　　　　品	80,000	(貸)	現　　　　金	80,000
(6)	(借)	給　　　　料	130,000	(貸)	現　　　　金	130,000
(7)	分記法による仕訳					
	(借)	商　　　　品	30,000	(貸)	現　　　　金	30,000
	3分法による仕訳					
	(借)	仕　　　　入	30,000	(貸)	現　　　　金	30,000
(8)	分記法による仕訳					
	(借)	現　　　　金	20,000	(貸)	商　　　　品	15,000
					商品売買益	5,000
	3分法による仕訳					
	(借)	現　　　　金	20,000	(貸)	売　　　　上	20,000

第３章　勘定と仕訳

基本問題３－１

(1)	(2)	(3)	(4)	(5)	(6)	(7)	(8)
オ	イ	ウ	ア	オ	ウ	オ	オ

解　説

これまでは，主に基本問題１－２で出題された15の勘定科目を使用してきた。本問では，これに車両運搬具勘定（資産）・旅費交通費勘定（費用）・通信費勘定（費用）・水道光熱費勘定（費用）・雑費勘定（費用）の５つの勘定科目を加えた。

なお，これまで学習してきた主な勘定科目を整理すれば，下表のとおりとなる。

資　産	負　債	純資産	収　益	費　用
現金	買掛金	資本金	商品売買益	給料
売掛金	借入金	繰越利益剰余金	受取手数料	広告宣伝費
商品			受取利息	旅費交通費
備品				通信費
車両運搬具				水道光熱費
建物				雑費
				支払利息

［参考］分記法と３分法

本書では，第６章で商品売買の処理方法として，分記法と３分法という２つの異なる処理方法を学習する。分記法では，本問で出題されたように，商品売買について「商品」（資産）・「商品売買益」（収益）という勘定科目を使用して処理する。一方，３分法では，「売上」（収益）・「仕入」（費用）・「繰越商品」（資産）という勘定科目を使用して処理するが，本問では出題されていない。

このように商品売買を３分法で処理する場合には，「商品売買益」（収益）は使用しないが，「商品」（資産）は貸借対照表に表示する際に使用する（第15章の学習のポイント３(2)を参照）。

基本問題 3－2

【Ⅰ】分記法で処理した場合

	借方科目	金額	貸方科目	金額
4/ 1	現金	100,000	資本金	100,000
12	現金	50,000	借入金	50,000
24	商品	70,000	現金	70,000
28	現金	60,000	商品 商品売買益	40,000 20,000
30	借入金 支払利息	30,000 2,000	現金	32,000

現　金

4/ 1	資本金	100,000	4/24	商品	70,000
12	借入金	50,000	30	諸口	32,000
28	諸口	60,000			

商　品

4/24	現金	70,000	4/28	現金	40,000

借入金

4/30	現金	30,000	4/12	現金	50,000

資本金

			4/ 1	現金	100,000

商品売買益

			4/28	現金	20,000

支払利息

4/30	現金	2,000			

【Ⅱ】　3分法で処理した場合

	借方科目	金額	貸方科目	金額
4/ 1	現金	100,000	資本金	100,000
12	現金	50,000	借入金	50,000
24	仕入	70,000	現金	70,000
28	現金	60,000	売上	60,000
30	借入金 支払利息	30,000 2,000	現金	32,000

現金

4/ 1	資本金	100,000	4/24	仕入	70,000
12	借入金	50,000	30	諸口	32,000
28	売上	60,000			

借入金

4/30	現金	30,000	4/12	現金	50,000

資本金

			4/ 1	現金	100,000

売上

			4/28	現金	60,000

仕入

4/24	現金	70,000			

支払利息

4/30	現金	2,000			

解　説

仕訳とは，取引を借方の要素と貸方の要素に分解し（基本問題2－4を参照），それぞれの勘定科目と金額を決定し，記入することをいう。また，転記とは，仕訳によって把握された各勘定の増減や発生・取消を勘定口座に書き移すことをいう。なお，「勘定口座（Tフォーム）に転記する」ことを「勘定に転記する」や「勘定に記入する」などと表現することもある。本問の問題文では，「勘定に転記しなさい」と指示された。

4月1日の取引は，借方の要素である「資産（現金）￥100,000の増加」と，貸方の要素である「純資産（資本金）￥100,000の増加」に分解できるので，借方の勘定科目・金額は「現金」・「100,000」と決定し，貸方の勘定科目・金額は「資本金」・「100,000」と決定した。これらを所定の欄に記入することによって，仕訳として示すことができる。

4/ 1 (借) 現　　　　金 100,000 (貸) 資　本　金 100,000

これを勘定口座に転記するためには，次のように行う。①仕訳の借方科目・金額を確認すると「**現金**」・「**100,000**」と記入されているので，「**現金**」と書かれた勘定口座（**現金**勘定）の借方に「**100,000**」と書き移し，②日付を書き移し，③相手勘定を書き移す。なお，「**現金**」にとっての相手勘定は「資本金」である。

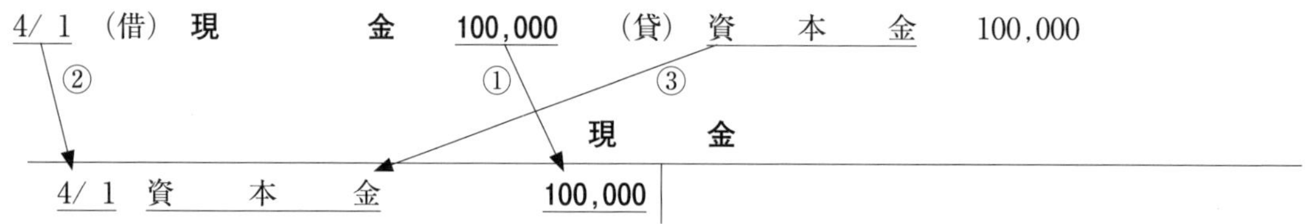

同じように，④仕訳の貸方科目・金額を確認すると「**資本金**」・「**100,000**」と記入されているので，「**資本金**」と書かれた勘定口座（**資本金**勘定）の貸方に「**100,000**」と書き移し，⑤日付を書き移し，⑥相手勘定を書き移す。なお，「**資本金**」にとっての相手勘定は「現金」である。

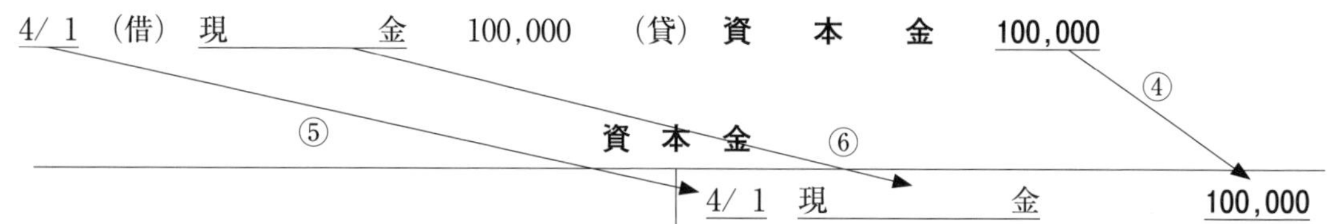

このような手順で行えば，4月12日・24日の仕訳・転記も行うことができる。なお，4月12日の取引は，借方の要素である「資産（現金）¥50,000の増加」と，貸方の要素である「負債（借入金）¥50,000の増加」に分解できる。また，4月24日の取引は，借方の要素である「資産（商品）¥70,000の増加」と，貸方の要素である「資産（現金）¥70,000の減少」に分解できる。

4月28日の取引は，借方の要素である「資産（現金）¥60,000の増加」と，貸方の要素である「資産（商品）¥40,000の減少」・「収益（商品売買益）¥20,000の発生」に分解できるので，借方の勘定科目・金額は「現金」・「60,000」と決定し，貸方の勘定科目・金額は「商品」・「40,000」と「商品売買益」・「20,000」と決定した。これらを所定の欄に記入することによって，仕訳として示すことができる。

4/28	(借)	現　　金	60,000	(貸)	商　　品	40,000
					商品売買益	20,000

これを勘定口座に転記するためには，次のように行う。①仕訳の借方科目・金額を確認すると「**現金**」・「**60,000**」と記入されているので，「**現金**」と書かれた勘定口座（**現金**勘定）の借方に「**60,000**」

と書き移し，②日付を書き移し，③相手勘定を書き移す。なお，「**現金**」にとっての相手勘定は「商品」と「商品売買益」である。このように相手勘定が複数ある場合には，相手勘定を記入すべき欄に「諸口」と記入する。ただし，第４章で学習する決算振替仕訳において損益勘定に転記する際には，相手勘定を個別に示さなければならない。

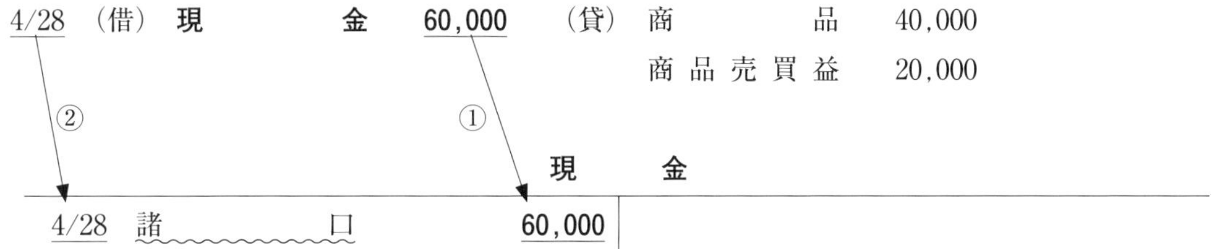

貸方の「商品」・「40,000」と「商品売買益」・「20,000」は，「商品」にとっての相手勘定は「現金」であり，「商品売買益」にとっての相手勘定も「現金」として，すでに説明した手順で行うことができる。

なお，４月30日の取引は，借方の要素である「負債（借入金）￥30,000の減少」・「費用（支払利息）￥2,000の発生」と，貸方の要素である「資産（現金）￥32,000の減少」に分解できる。

［参考］日付と相手勘定を省略して転記した場合

勘定口座への記入にあたって特に必要なことは，勘定別に増減を記録し，把握することである。そのため，該当する勘定口座の借方または貸方に，金額を適切に記入することが特に重要となる。換言すれば，日付と相手勘定の記入は，あくまで備忘的な位置づけとなる。よって，日付と相手勘定の記入は省略して示されることもある。本問について，日付と相手勘定を省略して解答すれば，次のようになる。

現　金

借方	貸方
100,000	70,000
50,000	32,000
60,000	

商　品

借方	貸方
70,000	40,000

借入金

借方	貸方
30,000	50,000

資本金

借方	貸方
	100,000

商品売買益

借方	貸方
	20,000

支払家賃

借方	貸方
2,000	

［参考］分記法と３分法

本問における商品売買は，４月24日と28日である。これらの取引を３分法で処理する場合には，次のように分解できる。

４月24日の取引は，借方の要素である「費用（仕入）￥70,000の発生」と，貸方の要素である「資産（現金）￥70,000の減少」に分解できる。

４月28日の取引は，借方の要素である「資産（現金）￥60,000の増加」と，貸方の要素である「収益

（売上）¥60,000の発生」に分解できる。

基本問題 3－3

(1)

現　　金	商　　品	借入金	資本金	商品売買益	支払家賃
ア	ア	イ	ウ	エ	オ

(2)

現　　金	商　　品	借入金
¥　860,000	¥　380,000	¥　70,000
資本金	商品売買益	支払家賃
¥　0	¥　0	¥　110,000

(3)

現　　金	商　　品	借入金
¥　560,000	¥　230,000	¥　200,000
資本金	商品売買益	支払家賃
¥　300,000	¥　130,000	¥　0

(4)

現　　金	商　　品	借入金
¥　300,000	¥　150,000	¥　130,000
資本金	商品売買益	支払家賃
¥　300,000	¥　130,000	¥　110,000

解　説

(1)　基本問題 3－1 の解説を参照すること。なお，支払家賃勘定は費用に属する。

(2)　たとえば，現金勘定の借方合計とは，現金勘定の借方に記入されている「300,000」・「200,000」・「120,000」・「240,000」を合計した金額のことであるので，¥860,000と求められる。他の勘定についても同様である。

(3)　たとえば，現金勘定の貸方合計とは，現金勘定の貸方に記入されている「100,000」・「220,000」・「70,000」・「60,000」・「110,000」を合計した金額のことであるので，¥560,000と求められる。他の勘定についても同様である。

(4)　たとえば，現金勘定の残高とは，現金勘定の借方合計と貸方合計の差額である。よって，(2)で求めた¥860,000から(3)で求めた¥560,000を差し引いて，¥300,000と求められる。なお，この場合には，借方合計が貸方合計よりも大きいので，「¥300,000の借方残高」となった。(1)で確認したように，現金勘定は資産に属する勘定なので，貸借対照表の借方に表示される。そのため，現金勘定は借方残高となる。同様に原則として，商品勘定（資産）は借方残高，借入金勘定（負債）は貸方残高，資本金勘定（純資産）は貸方残高，商品売買益勘定（収益）は貸方残高，支払家賃勘定（費用）は借方残高となる。

［参考］分記法と３分法

基本問題３－１の解説（［参考］分記法と３分法）を参照すること。

基本問題３－４

	借方科目	金額	貸方科目	金額
(1)	現金	800,000	資本金	800,000
(2)	現金	200,000	借入金	200,000
(3)	備品	300,000	現金	300,000
(4)	車両運搬具	200,000	現金	200,000
(5)	給料	150,000	現金	150,000
(6)	広告宣伝費	50,000	現金	50,000
(7)	通信費	20,000	現金	20,000
(8)	支払家賃	110,000	現金	110,000
(9)	貸付金	100,000	現金	100,000
(10)	現金	1,000	受取利息	1,000
(11)	支払利息	2,000	現金	2,000
(12)	借入金	50,000	現金	50,000
(13)	現金	50,000	貸付金	50,000

【Ⅰ】分記法で処理した場合

	借方科目	金額	貸方科目	金額
(14)	商品	200,000	現金	200,000
(15)	現金	230,000	商品	150,000
			商品売買益	80,000

【Ⅱ】 3分法で処理した場合

	借方科目	金額	貸方科目	金額
⒁	仕入	200,000	現金	200,000
⒂	現金	230,000	売上	230,000

解説

⑴・⑵・⑾・⑿・⒁・⒂は，基本問題3－2の解説を参照すること。

⑶の「商品陳列用の棚」は，長期にわたって使用することを目的として購入したと考えられるので，固定資産として処理する（第10章）。本書で学習する有形固定資産には，具体的に備品勘定・車両運搬具勘定・建物勘定・土地勘定などがある。「商品陳列用の棚」は，備品勘定（資産）で処理する。

⑷の「配達用のバイク」も⑶と同様に固定資産であり，車両運搬具勘定（資産）で処理する（第10章）。

⑸～⑻に共通するのは，取引を借方の要素である「費用の発生」と，貸方の要素である「資産（現金）の減少」に分解できることである。「費用の発生」については，⑸は給料勘定，⑹は広告宣伝費勘定，⑺は通信費勘定，⑻は支払家賃勘定で処理する。

⑼・⑽・⒀は，当社が金銭を貸し付け，それに伴う利息を受け取り，（一部が）返済されたという取引である。⑼の取引は，借方の要素である「資産（貸付金）の増加」と，貸方の要素である「資産（現金）の減少」に分解できる。⑽の取引は，借方の要素である「資産（現金）の増加」と，貸方の要素である「収益（受取利息）の発生」に分解できる。⒀の取引は，借方の要素である「資産（現金）の増加」と，借方の要素である「資産（貸付金）の減少」に分解できる。

なお，「貸付金」は債権（貸し付けた金銭を将来返済してもらえる権利）であるので資産に属し，「借入金」は債務（借り入れた金銭を将来返済しなければならない義務）であるので負債に属する（第8章）。

基本問題 3－5

仕　訳　帳　　1

日付		摘　　要		元丁	借　方	貸　方
5	1	(現　金)		1	300,000	
			(資　本　金)	4		300,000
		株主から出資を受け当社設立				
	7	(商　品)		2	100,000	
			(現　金)	1		100,000
		商品を現金で仕入れ				
	10	(現　金)		1	120,000	
			(借　入　金)	3		120,000
		銀行から借入				
	13	(現　金)	諸　口	1	16,000	
			(商　品)	2		10,000
			(商品売買益)	5		6,000
		商品を現金で売上				
	20	(現　金)		1	30,000	
			(受取家賃)	6		30,000
		家賃を現金で受け取る				
	28	(支払利息)		7	1,000	
			(現　金)	1		1,000
		利息を現金で支払う				

解　説

仕訳帳に仕訳する手順は，次のとおりである。

日付欄には，日付を記入する。摘要欄には，借方と貸方を１行ごとに勘定科目をカッコ書きで記入する。すなわち，借方の勘定科目については，左側に寄せてカッコをつけて記入し，同じ行の借方欄にその金額を記入する。同様に，貸方の勘定科目については，右側に寄せてカッコをつけて記入し，同じ行の貸方欄にその金額を記入する。元丁欄には，その行に記入した内容を総勘定元帳に転記する先の勘定口座のページ数（各勘定口座の右上の数字）を記入する。なお，「元丁」とは，「元帳丁数」（総勘定元帳のページ数）という意味である。また，１つの仕訳を記入し終えたならば，その取引の概要を文章で簡潔に記入する。これを小書きという。

総 勘 定 元 帳

現　　金　　1

日	付	摘　　要	仕丁	借　方	日	付	摘　　要	仕丁	貸　方
5	1	資　本　金	1	300,000	5	7	商　　品	1	100,000
	10	借　入　金	〃	120,000		28	支　払　利　息	〃	1,000
	13	諸　　口	〃	16,000					
	20	受　取　家　賃	〃	30,000					

商　　品　　2

日	付	摘　　要	仕丁	借　方	日	付	摘　　要	仕丁	貸　方
5	7	現　　金	1	100,000	5	13	現　　金	1	10,000

借 入 金　　3

日	付	摘　　要	仕丁	借　方	日	付	摘　　要	仕丁	貸　方
					5	10	現　　金	1	120,000

資 本 金　　4

日	付	摘　　要	仕丁	借　方	日	付	摘　　要	仕丁	貸　方
					5	1	現　　金	1	300,000

商品売買益　　5

日	付	摘　　要	仕丁	借　方	日	付	摘　　要	仕丁	貸　方
					5	13	現　　金	1	6,000

受 取 家 賃　　6

日	付	摘　　要	仕丁	借　方	日	付	摘　　要	仕丁	貸　方
					5	20	現　　金	1	30,000

支 払 利 息　　7

日	付	摘　　要	仕丁	借　方	日	付	摘　　要	仕丁	貸　方
5	28	現　　金	1	1,000					

解　説

総勘定元帳（元帳）に転記（記入）する手順は，基本問題３－２でＴフォーム（勘定口座）に記入した手順とほとんど同じである。ただし，それと異なるのは，仕丁欄があることである。「仕丁」とは，「仕訳帳丁数」（仕訳帳のページ数）という意味である。すなわち，その転記元の仕訳帳のページ数（仕訳帳の右上の数字）を記入する。

［参考］分記法と３分法

基本問題３－１の解説（［参考］分記法と３分法）を参照すること。

第4章　決　算 (1)

基本問題 4－1

合計試算表

X1年３月31日

借　方	元丁	勘定科目	貸　方
2,200	1	現　金	600
900	2	売掛金	
1,000	3	商　品	500
400	4	備　品	
	5	買掛金	800
	6	借入金	300
	7	資本金	2,000
	8	商品売買益	400
	9	受取手数料	200
50	10	給　料	
100	11	保険料	
150	12	通信費	
4,800			4,800

残高試算表

X1年３月31日

借　方	元丁	勘定科目	貸　方
1,600	1	現　金	
900	2	売掛金	
500	3	商　品	
400	4	備　品	
	5	買掛金	800
	6	借入金	300
	7	資本金	2,000
	8	商品売買益	400
	9	受取手数料	200
50	10	給　料	
100	11	保険料	
150	12	通信費	
3,700			3,700

合計残高試算表

X1年３月31日

借方		元丁	勘定科目	貸方	
残　高	合　計			合　計	残　高
1,600	2,200	1	現　金	600	
900	900	2	売掛金		
500	1,000	3	商　品	500	
400	400	4	備　品		
		5	買掛金	800	800
		6	借入金	300	300
		7	資本金	2,000	2,000
		8	商品売買益	400	400
		9	受取手数料	200	200
50	50	10	給　料		
100	100	11	保険料		
150	150	12	通信費		
3,700	4,800			4,800	3,700

解　説

試算表は，主に決算にあたり，決算予備手続きとして作成するものであり，合計試算表・残高試算表・合計残高試算表の３種類がある。

試算表に勘定科目を記入する際には，資産・負債・純資産・収益・費用に属する順に並べる。本問では，現金勘定から備品勘定までが資産，買掛金勘定と借入金勘定が負債，資本金勘定が純資産，商品売買益勘定と受取手数料勘定が収益，給料勘定から通信費勘定までが費用である。なお，元丁欄は，省略されることもある。

合計試算表には，各勘定の借方合計と貸方合計を記入する。残高試算表には，各勘定の残高を借方または貸方のいずれか一方に記入する。すなわち，借方残高（借方合計＞貸方合計）ならば借方に，貸方残高（借方合計＜貸方合計）ならば貸方に記入する。合計残高試算表では，合計欄に合計試算表と同じように，残高欄に残高試算表と同じように記入する。なお，記入すべき金額が￥０の場合には，何も記入せずに空欄とする。

試算表は，いずれの種類においても，総合計（最下行）は借方と貸方が一致する。本問では，合計試算表では借方も貸方も￥4,800，残高試算表では借方も貸方も￥3,700であった。これは，貸借平均の原理に基づいているからである。

［参考］分記法と３分法

本書では，第６章で商品売買の処理方法として，分記法と３分法という２つの異なる処理方法を学習する。分記法では，本問で出題されたように，商品売買について「商品」（資産）・「商品売買益」（収益）という勘定科目を使用して処理する。一方，３分法では，「売上」（収益）・「仕入」（費用）・「繰越商品」（資産）という勘定科目を使用して処理するが，本問では出題されていない。

このように商品売買を３分法で処理する場合には，「商品売買益」（収益）は使用しないが，「商品」（資産）は貸借対照表に表示する際に使用する（第15章の学習のポイント３(2)を参照）。

基本問題４－２

	借方科目	金額	貸方科目	金額
(1)	商品売買益	200,000	損益	235,000
	受取手数料	30,000		
	受取利息	5,000		
(2)	損益	150,000	給料	50,000
			保険料	40,000
			支払家賃	30,000
			広告宣伝費	20,000
			雑費	10,000
(3)	損益	85,000	繰越利益剰余金	85,000

(4)

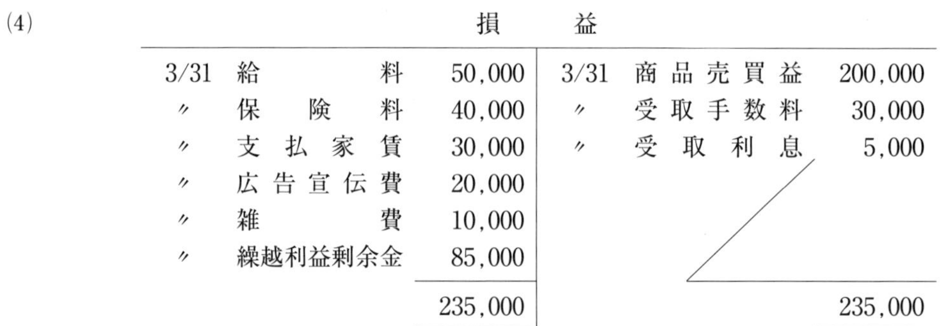

損　　益

3/31	給　料	50,000	3/31	商品売買益	200,000
〃	保険料	40,000	〃	受取手数料	30,000
〃	支払家賃	30,000	〃	受取利息	5,000
〃	広告宣伝費	20,000			
〃	雑　費	10,000			
〃	繰越利益剰余金	85,000			
		235,000			235,000

解 説

決算の手続きでは，(1)収益の各勘定の残高を損益勘定に振り替え，(2)費用の各勘定の残高を損益勘定に振り替え，(3)損益勘定の残高を繰越利益剰余金勘定（純資産）に振り替える。これらの振替仕訳のことを決算振替仕訳という。なお，損益勘定は，このような決算振替仕訳を行うために設ける勘定である。

収益は損益計算書の貸方に表示される要素であるので，これに属する各勘定は貸方残高となっている。そこで，(1)収益の各勘定の残高（商品売買益勘定の残高￥200,000，受取手数料勘定の残高￥30,000，受取利息勘定の残高￥5,000）を借方に記入し，損益勘定の貸方にそれらの合計額（￥235,000）を記入する。

費用は損益計算書の借方に表示される要素であるので，これに属する各勘定は借方残高となっている。そこで，(2)費用の各勘定の残高（給料勘定の残高￥50,000，保険料勘定の残高￥40,000，支払家賃勘定の残高￥30,000，広告宣伝費勘定の残高￥20,000，雑費勘定の残高￥10,000）を貸方に記入し，損益勘定の借方にそれらの合計額（￥150,000）を記入する。

以上(1)・(2)により，損益勘定の借方合計は￥150,000（費用に属する各勘定の合計額），貸方合計は￥235,000（収益に属する各勘定の合計額）となったので，残高は￥85,000（貸方残高）となった。そこで，これを繰越利益剰余金勘定に振り替える。すなわち，損益勘定の借方に￥85,000を記入し，繰越利益剰余金勘定の貸方に￥85,000を記入する。

なお，本問のように，損益勘定が貸方残高（借方＜貸方，費用の合計額＜収益の合計額）となった場合には，これは当期純利益を意味する。一方，損益勘定が借方残高（借方＞貸方，費用の合計額＞収益の合計額）となった場合には，これは当期純損失を意味する。このように，損益勘定に収益・費用の各勘定を振り替えることによって，損益勘定で当期純利益（または当期純損失）が計算される。

また，本問のように，損益勘定が貸方残高となり当期純利益が計算されれば，それは繰越利益剰余金勘定（純資産）の貸方に振り替えられ，その分だけ純資産を増加させる。一方，損益勘定が借方残高となり当期純損失が計算されれば，それは繰越利益剰余金勘定（純資産）の借方に振り替えられ，その分だけ純資産を減少させる。

このような決算振替仕訳（本問でいう(1)～(3)）を損益勘定に記入（転記）する場合には，相手勘定を記入する際に「諸口」とは記入せず，個別に記入しなければならない（基本問題３－２解説を参照）。なぜならば，損益勘定は，損益計算書を作成する際の基礎資料となるからである。本問(4)で作成した損益勘定を基にして，損益計算書を作成すれば，次のようになる。

損益計算書

A社　　X1年4月1日からX2年3月31日まで　　(単位：円)

費用	金額	収益	金額
給料	50,000	商品売買益	200,000
保険料	40,000	受取手数料	30,000
支払家賃	30,000	受取利息	5,000
広告宣伝費	20,000		
雑費	10,000		
当期純利益	**85,000**		
	235,000		235,000

［参考］分記法と3分法

基本問題4－1の解説（［参考］分記法と3分法）を参照すること。

基本問題4－3

	借方科目	金額	貸方科目	金額
(1)	商品売買益 受取手数料	120,000 5,000	損益	125,000
(2)	損益	45,000	給料 支払利息	43,000 2,000
(3)	損益	80,000	繰越利益剰余金	80,000

(4)

現　金

日付	摘要	金額	日付	摘要	金額
4/1	前期繰越	670,000	5/2	商品	400,000
6/13	諸口	280,000	11/5	給料	43,000
7/24	受取手数料	5,000	12/16	諸口	102,000
2/8	諸口	140,000	**3/31**	**次期繰越**	**550,000**
		1,095,000			1,095,000
4/1	前期繰越	550,000			

商　品

4/ 1	前期繰越	100,000	6/13	現金	200,000
5/ 2	現金	400,000	2/ 8	現金	100,000
			3/31	**次期繰越**	**200,000**
		500,000			500,000
4/ 1	前期繰越	200,000			

借入金

12/16	現金	100,000	4/ 1	前期繰越	200,000
3/31	**次期繰越**	**100,000**			
		200,000			200,000
			4/ 1	前期繰越	100,000

資本金

3/31	**次期繰越**	**500,000**	4/ 1	前期繰越	500,000
			4/ 1	前期繰越	500,000

繰越利益剰余金

3/31	**次期繰越**	**150,000**	4/ 1	前期繰越	70,000
			3/31	損益	80,000
		150,000			150,000
			4/ 1	前期繰越	150,000

商品売買益

3/31	損益	120,000	6/13	現金	80,000
			2/ 8	現金	40,000
		120,000			120,000

受取手数料

3/31	損益	5,000	7/24	現金	5,000

給　　　料

11/ 5	現　　　金	43,000	3/31	損　　　益	43,000

支 払 利 息

12/16	現　　　金	2,000	3/31	損　　　益	2,000

損　　　益

3/31	給　　　料	43,000	3/31	商品売買益	120,000
〃	支 払 利 息	2,000	〃	受取手数料	5,000
〃	繰越利益剰余金	80,000			
		125,000			125,000

繰 越 試 算 表

X2年3月31日

借　　方	勘 定 科 目	貸　　方
550,000	現　　　金	
200,000	商　　　品	
	借　入　金	100,000
	資　本　金	500,000
	繰越利益剰余金	150,000
750,000		750,000

(5)

損 益 計 算 書

B社　　X1年4月1日からX2年3月31日まで　　(単位：円)

費　　用	金　　額	収　　益	金　　額
給　　　料	43,000	商品売買益	120,000
支 払 利 息	2,000	受取手数料	5,000
当期純利益	**80,000**		
	125,000		125,000

貸借対照表

B社　　X2年３月31日　　(単位：円)

資　産	金　額	負債および純資産	金　額
現　金	550,000	借　入　金	100,000
商　品	200,000	資　本　金	500,000
		繰越利益剰余金	150,000
	750,000		750,000

解　説

(1)～(3)では，基本問題４-２で学習したように，収益・費用の各勘定の残高を損益勘定に振り替え，損益勘定の残高を繰越利益剰余金勘定（純資産）に振り替える。これらを決算振替仕訳という。

(4)ではまず，(1)～(3)の決算振替仕訳を各勘定に記入（転記）し，収益・費用の各勘定を締め切る。なお，損益勘定は，損益計算書を作成するための基礎資料となるので，転記する際に「諸口」は使用せずに，相手勘定を個別に記入する。

次に，資産・負債・純資産の各勘定を締め切る。なお，その方法には，英米式決算法と大陸式決算法があるが，本書では前者を学習する。具体的には，各勘定において，当期末（X2年３月31日）の残高を「次期繰越」(「次期に繰り越す」という意味）と記入し（本来ならば赤字で記入するのでゴシックで示した)，借方と貸方の合計金額が一致したことを確認した上で締め切る。また，翌期首（X2年４月１日）の日付（4/1）で「前期繰越」(「前期から繰り越された」という意味）と記入する。これを開始記入という。

最後に，資産・負債・純資産の各勘定の残高を集計して繰越試算表を作成する。なお，繰越試算表は，貸借対照表を作成するための基礎資料となる。

参考までに，本問で出題された勘定の記録（(4)の解答欄に記入されていた記録）から期中取引（X1年４月１日～X2年３月31日に行われた取引）の仕訳を推定して示せば，次のとおりである。

5/ 2	(借)	商　品	400,000	(貸)	現　金	400,000
6/13	(借)	現　金	280,000	(貸)	商　品	200,000
					商品売買益	80,000
7/24	(借)	現　金	5,000	(貸)	受取手数料	5,000
11/ 5	(借)	給　料	43,000	(貸)	現　金	43,000
12/16	(借)	借入金	100,000	(貸)	現　金	102,000
		支払利息	2,000			
2/ 8	(借)	現　金	140,000	(貸)	商　品	100,000
					商品売買益	40,000

［参考］分記法と３分法

基本問題４-１の解説（［参考］分記法と３分法）を参照すること。

基本問題４－４

精　算　表

X2年３月31日

勘定科目	残高試算表		損益計算書		貸借対照表	
	借　方	貸　方	借　方	貸　方	借　方	貸　方
現　　金	21,000				21,000	
売　掛　金	8,000				8,000	
商　　品	14,000				14,000	
備　　品	9,000				9,000	
買　掛　金		12,000				12,000
借　入　金		7,000				7,000
資　本　金		30,000				30,000
繰越利益剰余金		2,000				2,000
商品売買益		15,000		15,000		
受取手数料		2,000		2,000		
給　　料	6,000		6,000			
支払家賃	3,200		3,200			
通　信　費	4,500		4,500			
広告宣伝費	2,300		2,300			
	68,000	68,000				
当期純(利益)			**1,000**			1,000
			17,000	17,000	52,000	52,000

解　説

勘定科目は，資産・負債・純資産・収益・費用に属する順に表示される。本問では，現金勘定から備品勘定までが資産，買掛金勘定と借入金勘定が負債，資本金勘定と繰越利益剰余金勘定が純資産，商品売買益勘定と受取手数料勘定が収益，給料勘定から広告宣伝費勘定までが費用に属する。

資産・負債・純資産に属する勘定の残高は貸借対照表に記入し，収益・費用に属する勘定の残高は損益計算書に記入する。なお，当期純利益または当期純損失は，収益（商品売買益￥15,000＋受取手数料￥2,000＝￥17,000）から費用（給料￥6,000＋支払家賃￥3,200＋通信費￥4,500＋広告宣伝費￥2,300＝￥16,000）の差額によって計算すれば，当期純利益￥1,000と求められる。よって，この「1,000」を損益計算書の借方に（赤字で）記入し，貸借対照表の貸方に記入する。もし，当期純損失が計算されたならば，それを損益計算書の貸方に（赤字で）記入し，貸借対照表の借方に記入する。

なお，精算表としてではなく，貸借対照表として作成する場合には，当期純利益￥1,000は繰越利益剰余金￥2,000（残高試算表の金額）に加算して，繰越利益剰余金￥3,000として表示する。

[参考] 分記法と３分法

基本問題４－１の解説（[参考] 分記法と３分法）を参照すること。

基本問題４－５

精　算　表

X2年３月31日

勘定科目	残高試算表		損益計算書		貸借対照表	
	借　方	貸　方	借　方	貸　方	借　方	貸　方
現　金	33,000				33,000	
売掛金	12,000				12,000	
商　品	21,000				21,000	
備　品	13,000				13,000	
買掛金		18,000				18,000
借入金		10,000				10,000
資本金		45,000				45,000
繰越利益剰余金		3,000				3,000
商品売買益		23,000		23,000		
受取手数料		4,000		4,000		
給　料	9,000		9,000			
支払家賃	7,000		7,000			
通信費	4,800		4,800			
広告宣伝費	3,200		3,200			
	103,000	103,000				
当期純(利益)			**3,000**			3,000
			27,000	27,000	79,000	79,000

解　説

本問は，精算表の構造（すなわち，残高試算表・損益計算書・貸借対照表の構造）を理解していれば，推定して解くことができる。まずは，基本問題４－４を解いて精算表の作成方法を学習し，その構造を理解すること。

[参考] 分記法と３分法

基本問題４－１の解説（[参考] 分記法と３分法）を参照すること。

第5章　現金・預金

基本問題5－1

【Ⅰ】分記法で処理した場合

(1)	借方科目	金額	貸方科目	金額
4/2	商品	200,000	現金	200,000
8	現金	10,000	受取手数料	10,000
16	現金	130,000	商品 商品売買益	100,000 30,000
24	給料	50,000	現金	50,000
27	売掛金	60,000	商品 商品売買益	40,000 20,000
29	現金	30,000	売掛金	30,000

(2)

現　金

日付	摘要	金額	日付	摘要	金額
4/1	前期繰越	300,000	4/2	商品	200,000
8	受取手数料	10,000	24	給料	50,000
16	諸口	130,000			
29	売掛金	30,000			

(3)
¥　220,000

【Ⅱ】3分法で処理した場合

(1)	借方科目	金額	貸方科目	金額
4/2	仕入	200,000	現金	200,000
8	現金	10,000	受取手数料	10,000
16	現金	130,000	売上	130,000
24	給料	50,000	現金	50,000
27	売掛金	60,000	売上	60,000
29	現金	30,000	売掛金	30,000

(2)

現　　金					
4/ 1	前期繰越	300,000	4/ 2	仕　入	200,000
8	受取手数料	10,000	24	給　料	50,000
16	売　上	130,000			
29	売掛金	30,000			

(3)
¥　220,000

【Ⅰ】【Ⅱ】共通

(4)　現金出納帳

日	付	摘　要	収　入	支　出	残　高
4	1	前月繰越	300,000		300,000
	2	A社から仕入		200,000	100,000
	8	B社から手数料受取	10,000		110,000
	16	C社に売上，小切手受取	130,000		240,000
	24	給料の支払		50,000	190,000
	29	D社から売掛金回収，郵便為替証書受取	30,000		220,000
	30	**次月繰越**		**220,000**	
			470,000	470,000	
5	1	前月繰越	220,000		220,000

解　説

仕訳については，「○○○○勘定の借方に¥××を記入する」などの表現で解説する。これを仕訳で示せば，次のようになる。

(借)　○　○　○　○　　××　　(貸)

また，たとえば「□□□□勘定の貸方に¥××を記入する」ことを仕訳で示せば，次のようになる。

(借)　　　　　　　　(貸)　□　□　□　□　　××

【Ⅰ】分記法で処理した場合

(1)　4月2日の取引では，現金¥200,000を支払ったので，現金勘定（資産）の貸方に¥200,000を記入する。こうして商品を仕入れたので，商品勘定（資産）の借方に¥200,000を記入する。

4月8日の取引では，現金¥10,000を受け取ったので，現金勘定（資産）の借方に¥10,000を記入する。こうして手数料を受け取ったので，受取手数料勘定（収益）の貸方に¥10,000を記入する。

4月16日の取引では，C社振出の小切手（他人振出小切手）¥130,000を受け取った。これは，簿記上の現金として取り扱うので，現金勘定（資産）の借方に¥130,000を記入する。これは商品

（原価￥100,000）を販売したことによるので，商品勘定（資産）の貸方に￥100,000を記入する。また，商品売買益￥30,000が発生したので，商品売買益勘定（収益）の貸方に￥30,000を記入する。

4月24日の取引では，現金￥50,000を支払ったので，現金勘定（資産）の貸方に￥50,000を記入する。こうして給料を支払ったので，給料勘定（費用）の借方に￥50,000を記入する。

4月27日の取引では，商品を掛によって販売したので，現金の増減はなかった。まず，商品（原価￥40,000）を販売したので，商品勘定（資産）の貸方に￥40,000を記入する。その代金￥60,000は掛とした（後日受け取ることとした）ので，売掛金勘定（資産）の借方に￥60,000を記入する（第7章を参照）。また，商品売買益￥20,000が発生したので，商品売買益勘定（収益）の貸方に￥20,000を記入する。

4月29日の取引では，現金￥30,000を受け取ったので，現金勘定（資産）の借方に￥30,000を記入する。こうして売掛金（商品の代金を後日受け取ることのできる権利）を回収したので，売掛金勘定（資産）の貸方に￥30,000を記入する（第7章を参照）。

⑵　転記については，基本問題3－2の解説などを参照すること。

⑶　⑵の現金勘定を確認すると，借方の合計は￥470,000，貸方の合計は￥250,000であるので，残高は￥220,000（借方残高）であることがわかる。よって，4月30日までの取引を終えた時点の現金の残高は￥220,000である。

【Ⅱ】3分法で処理した場合

⑴　本問における商品売買は，4月2日・16日・27日の取引である。

4月2日の取引では，現金￥200,000を支払ったので，現金勘定（資産）の貸方に￥200,000を記入する。こうして商品を仕入れたので，仕入勘定（費用）の借方に￥200,000を記入する。

4月16日の取引では，C社振出の小切手（他人振出小切手）￥130,000を受け取った。これは，簿記上の現金として取り扱うので，現金勘定（資産）の借方に￥130,000を記入する。これは商品（原価￥100,000，売価￥130,000）を販売したことによるので，売上勘定（収益）の貸方に￥130,000を記入する。

4月27日の取引では，商品を掛によって販売したので，現金の増減はなかった。まず，商品（原価￥40,000，売価￥60,000）を販売したので，売上勘定（収益）の貸方に￥60,000を記入する。その代金￥60,000は掛とした（後日受け取ることとした）ので，売掛金勘定（資産）の借方に￥60,000を記入する（第7章を参照）。

解答・解説

基本問題５－２

【Ⅰ】分記法で処理した場合

(1)	借方科目	金額	貸方科目	金額
5/ 2	当座預金	300,000	現金	300,000
7	商品	50,000	当座預金	50,000
14	現金	60,000	商品 商品売買益	40,000 20,000
20	通信費	40,000	当座預金	40,000
25	当座預金	10,000	受取手数料	10,000
27	商品	70,000	当座預金	70,000
30	当座預金	50,000	商品 商品売買益	30,000 20,000

(2)

当座預金

5/ 2	現金	300,000	5/ 7	商品	50,000
25	受取手数料	10,000	20	通信費	40,000
30	諸口	50,000	27	商品	70,000

(3)
¥　200,000

【Ⅱ】３分法で処理した場合

(1)	借方科目	金額	貸方科目	金額
5/ 2	当座預金	300,000	現金	300,000
7	仕入	50,000	当座預金	50,000
14	現金	60,000	売上	60,000
20	通信費	40,000	当座預金	40,000
25	当座預金	10,000	受取手数料	10,000
27	仕入	70,000	当座預金	70,000
30	当座預金	50,000	売上	50,000

(2)　当　座　預　金

5/ 2	現　　　金	300,000	5/ 7	仕　　　入	50,000
25	受取手数料	10,000	20	通　信　費	40,000
30	売　　　上	50,000	27	仕　　　入	70,000

(3)
¥　200,000

【Ⅰ】【Ⅱ】共通

(4)　当　座　預　金　出　納　帳

日	付	摘　要	預　入	引　出	借または貸	残　高
5	2	当座預金口座開設，現金預入	300,000		借	300,000
	7	B社から仕入，小切手振出		50,000	〃	250,000
	20	通信費引落		40,000	〃	210,000
	25	D社から手数料受取	10,000		〃	220,000
	27	E社から仕入，小切手振出		70,000	〃	150,000
	30	F社に売上，自己振出小切手受取	50,000		〃	200,000
	31	**次月繰越**		**200,000**		
			360,000	360,000		
6	1	前月繰越	200,000		借	20,000

解　説

(1)　5月2日の取引では，当座預金口座に預け入れたので，当座預金勘定（資産）の借方に記入する。

7日・27日の取引では，小切手を振り出した。これは，当座預金口座から引き出したことを意味するので，当座預金勘定の貸方に記入する。

14日の取引では，C社振出の小切手（他人振出小切手）を受け取ったので，現金勘定（資産）の借方に記入する。

20日の取引では，当座預金口座から引き落とされたので，当座預金勘定の貸方に記入する。

25日の取引では，当座預金口座に入金されたので，当座預金勘定の借方に記入する。

30日の取引では，当社振出の小切手（自己振出小切手）を受け取ったので，先に小切手を振り出した際に当座預金勘定の貸方に記入したことを取り消すために，その借方に記入する。

(2)　転記については，基本問題3-2の解説などを参照すること。

(3)　(2)の当座預金勘定を確認すると，借方の合計は¥360,000，貸方の合計は¥160,000であるので，残高は¥200,000（借方残高）であることがわかる。よって，5月31日までの取引を終えた時点の当座預金の残高は¥200,000である。

基本問題５－３

【Ⅰ】分記法で処理した場合

	借方科目	金額	貸方科目	金額
5/ 1	当座預金	100,000	現金	100,000
7/12	商品	80,000	当座預金	80,000
9/23	現金	90,000	商品 商品売買益	50,000 40,000
11/ 4	商品	60,000	当座預金	60,000
1/15	当座預金	60,000	商品 商品売買益	40,000 20,000
3/26	商品	110,000	当座預金	110,000
3/31	当座預金	90,000	当座借越	90,000

当座預金

5/ 1	現金	100,000	7/12	商品	80,000
1/15	諸口	60,000	11/ 4	商品	60,000
3/31	当座借越	90,000	3/26	商品	110,000

【Ⅱ】３分法で処理した場合

	借方科目	金額	貸方科目	金額
5/ 1	当座預金	100,000	現金	100,000
7/12	仕入	80,000	当座預金	80,000
9/23	現金	90,000	売上	90,000
11/ 4	仕入	60,000	当座預金	60,000
1/15	当座預金	60,000	売上	60,000
3/26	仕入	110,000	当座預金	110,000
3/31	当座預金	90,000	当座借越	90,000

当座預金

5/ 1	現金	100,000	7/12	仕入	80,000
1/15	売上	60,000	11/ 4	仕入	60,000
3/31	当座借越	90,000	3/26	仕入	110,000

解　説

5月1日の取引では，当座預金口座に預け入れたので，当座預金勘定（資産）の借方に記入する。

7月12日・11月4日・3月26日の取引では，小切手を振り出した。これは，当座預金口座から引き出したことを意味するので，当座預金勘定の貸方に記入する。

9月23日の取引では，C社振出の小切手（他人振出小切手）を受け取ったので，現金勘定（資産）の借方に記入する。

1月15日の取引では，当社振出の小切手（自己振出小切手）を受け取ったので，先に小切手を振り出した際に当座預金勘定の貸方に記入したことを取り消すために，その借方に記入する。

決算日（3月31日）前の当座預金勘定を確認すると，貸方残高¥90,000となっている。これは，当座借越の状態となっていることを意味するので，当座借越勘定（負債）に振り替える。なお，当座借越とは，実質的には銀行からの借り入れを意味するので，借入金勘定（負債）に振り替えることもある。

転記については，基本問題3－2の解説を参照すること。

解答・解説

基本問題5－4

(1)	借方科目	金額	貸方科目	金額
6/1	普通預金	600,000	現金	600,000
2	普通預金	300,000	現金	300,000
13	水道光熱費	90,000	普通預金	90,000
14	通信費	120,000	普通預金	120,000
25	給料	250,000	普通預金	250,000

普　通　預　金

日付	摘要	金額	日付	摘要	金額
6/1	現金	600,000	6/13	水道光熱費	90,000
2	現金	300,000	14	通信費	120,000
			25	給料	250,000

(2)	借方科目	金額	貸方科目	金額
6/1	普通預金X銀行	600,000	現金	600,000
2	普通預金Y銀行	300,000	現金	300,000
13	水道光熱費	90,000	普通預金X銀行	90,000
14	通信費	120,000	普通預金Y銀行	120,000
25	給料	250,000	普通預金X銀行	250,000

普 通 預 金 X 銀 行

6/ 1	現　　金	600,000	6/13	水道光熱費	90,000
			25	給　　料	250,000

普 通 預 金 Y 銀 行

6/ 2	現　　金	300,000	6/14	通　信　費	120,000

(3)	(4)	(5)
¥ 440,000	¥ 260,000	¥ 180,000

解　説

(1)　普通預金口座の増減をすべて普通預金勘定で処理するので，普通預金勘定を使用して，増加したらその借方に，減少したらその貸方に記入する。

(2)　普通預金口座の増減を銀行別に普通預金X銀行勘定と普通預金Y銀行勘定で処理するので，それぞれ増加したらその借方に，減少したらその貸方に記入する。

(3)　普通預金の残高は，(1)で記入した普通預金勘定の残高¥440,000である。

(4)　X銀行の普通預金の残高は，(2)で記入した普通預金X銀行勘定の残高¥260,000である。

(5)　Y銀行の普通預金の残高は，(2)で記入した普通預金Y銀行勘定の残高¥180,000である。

基本問題 5－5

	借方科目	金　額	貸方科目	金　額
7/ 1	小口現金	30,000	当座預金	30,000
8	仕訳なし			
16	仕訳なし			
24	仕訳なし			
31	旅費交通費	6,000	小口現金	14,000
	通信費	5,000		
	雑費	3,000		
	小口現金	14,000	当座預金	14,000

小口現金出納帳

受入	日付		摘要	支払	内訳		
					通信費	旅費交通費	雑費
30,000	7	1	小切手による受入				
		8	電車・バス代	6,000		6,000	
		16	切手代	5,000	5,000		
		24	茶菓子代	3,000			3,000
			合計	14,000	5,000	6,000	3,000
14,000		31	小切手による受入				
		〃	**次月繰越**	**30,000**			
44,000				44,000			
30,000	8	1	前月繰越				

解　説

本問に解答するにあたっては，あくまで仕訳を担当する係（以下，会計係という。）の立場から行うことに特に留意すること。

７月１日には，会計係から用度係に小切手¥30,000を振り出したので，当座預金勘定（資産）の貸方に¥30,000を記入する。また，これによって，会計係から用度係に小口現金として¥30,000を前渡ししたことになるので，小口現金勘定（資産）の借方に¥30,000を記入する。なお，用度係は，受け取った小切手を銀行に持参し，換金したと考えられる。

７月８日・16日・24日の各種支払いは，すでに用度係に対して前渡しした小口現金から支払われたものである。よって，会計係の立場からすれば，それらが支払われた時点では把握できないので，仕訳を行うことはできない。

７月31日に，用度係から１ヵ月間の小口現金からの支払いに関する報告を受けたので，これに基づいて仕訳を行う。すなわち，旅費交通費勘定（費用）の借方に¥6,000，通信費勘定（費用）の借方に¥5,000，雑費勘定（費用）の借方に¥3,000を記入し，小口現金勘定（資産）の貸方に¥14,000を記入する。

また，同日に，上述した報告に基づいて，小切手を振り出して小口現金を補給したので，小口現金勘定（資産）の借方に¥14,000を記入し，当座預金勘定（資産）の貸方に¥14,000を記入する。当社では，７月１日の取引をみれば，定額資金前渡制度（インプレストシステム）が採用されており，¥30,000が定額として設定されたことがわかるので，当月中に小口現金が¥14,000減少したならば，それと同額を補給することによって，定額（¥30,000）に戻す必要がある。

なお，７月31日の仕訳は，報告と補給が同時に行われたので，小口現金勘定（資産）を使用せずに，次のように仕訳することもできる。つまり，これも別解として認められる。

7/31	（借） 旅費交通費	6,000	（貸）	当座預金	14,000
	通信費	5,000			
	雑費	3,000			

基本問題５－６

(1)	借　方　科　目	金　額	貸　方　科　目	金　額
1/31	現　　　　金	6,000	現金過不足	6,000
2/ 8	現金過不足	5,000	受取手数料	5,000
3/31	現金過不足	1,000	雑　　　　益	1,000

(2)	借　方　科　目	金　額	貸　方　科　目	金　額
12/31	現金過不足	12,000	現　　　　金	12,000
1/12	旅費交通費	7,000	現金過不足	7,000
3/31	通　信　費 雑　　　　損	3,000 2,000	現金過不足	5,000

解　説

期中に現金過不足が確認された場合には，現金過不足勘定を用いて，現金勘定の残高（帳簿残高）を現金の実際有高に合わせるための仕訳を行う。

(1)　1月31日に¥6,000の現金過不足（実際有高＞帳簿残高）が確認されたので，現金勘定の残高を¥6,000増加させるため，その借方に¥6,000を記入する。その際，相手勘定としては，現金過不足勘定を用いる。

　2月8日には，現金過不足勘定の貸方残高¥6,000のうち¥5,000の原因が手数料の受け取りであったことが判明した。そこで，¥5,000を現金過不足勘定から受取手数料勘定（収益）に振り替える。

　3月31日は決算日なので，原因不明の現金過不足勘定の貸方残高¥1,000は，雑益勘定（収益）に振り替える。

(2)　12月31日に¥12,000の現金過不足（実際有高＜帳簿残高）が確認されたので，現金勘定の残高を¥12,000減少させるため，その貸方に¥12,000を記入する。その際，相手勘定としては，現金過不足勘定を用いる。

　1月12日には，現金過不足勘定の借方残高¥12,000のうち¥7,000の原因が旅費交通費の支払いであったことが判明した。そこで，¥7,000を現金過不足勘定から旅費交通費勘定（費用）に振り替える。

　3月31日には，現金過不足勘定の借方残高¥5,000のうち¥3,000の原因が通信費の支払いであったことが判明した。そこで，¥3,000を現金過不足勘定から通信費勘定（費用）に振り替える。また，決算日なので，原因不明の現金過不足勘定の借方残高¥2,000は，雑損勘定（費用）に振り替える。

応用問題5－1

	借方科目	金額	貸方科目	金額
(1)	旅費交通費 通信費 雑損	5,000 1,000 3,000	現金過不足	9,000
(2)	当座預金	160,000	当座借越	160,000

なお，(2)の仕訳では，当座借越勘定（負債）の代わりに借入金勘定（負債）を用いてもよい。

解　説

(1)　決算整理前残高試算表の現金過不足勘定の残高のうち，決算時に原因が判明したならば適当な勘定に振り替える。本問では，旅費交通費￥5,000と通信費￥1,000の記帳漏れが判明した。また，原因不明のままであった金額については，借方残高は雑損勘定（費用）に，貸方残高は雑益勘定（収益）に振り替える。本問では，現金過不足勘定の借方残高￥3,000を雑損勘定に振り替える。

(2)　銀行との間に当座借越契約を結んでいたとしても，当座借越となるか否かに関わらず，期中には当座預金勘定（資産）で処理する。よって，それが借方残高ならば当座預金（資産）を意味し，貸方残高ならば当座借越（負債）を意味する。本問では，貸方残高￥160,000であるので，当座借越（負債）￥160,000となっていることがわかる。そこで，これを当座借越勘定（負債）に振り替える。なお，当座借越勘定ではなく，借入金勘定（負債）を使用することもある。

応用問題5－2

	借方科目	金額	貸方科目	金額
(1)	雑損	19,000	現金	19,000
(2)	仕訳なし			

解　説

(1)　現金の実際有高と帳簿残高が一致せず，その原因が不明であることを現金過不足という。よって，期中に現金過不足が確認された場合には，現金過不足勘定を用いて一時的に処理しておき，決算時に適当な勘定科目に振り替えるか，雑損勘定（費用）または雑益勘定（収益）に振り替える処理を行う。しかし，決算日に現金過不足が確認された場合には，これを即時に雑損勘定（費用）または雑益勘定（収益）に振り替える。つまり，本問では，実際有高の方が帳簿残高よりも￥19,000不足していたことが確認され，その原因については言及されていないことから不明と推察されるので，現金勘定の貸方に￥19,000を記入することで実際有高と帳簿残高を一致させ，その相手勘定は雑損勘定（費用）で処理する。

(2)　応用問題5－1(2)の解説を参照すること。本問では，当座預金勘定が借方残高￥130,000であるので，当座預金（資産）となっていることがわかる。したがって，決算整理仕訳は不要である。

第6章 商品売買

基本問題6－1

【Ⅰ】分記法で処理した場合

	借方科目	金額	貸方科目	金額
⑴	商品	70,000	現金	70,000
⑵	現金	60,000	商品 商品売買益	50,000 10,000
⑶	商品	43,000	現金	43,000
⑷	現金	10,000	商品	10,000
⑸	商品 商品売買益	25,000 5,000	現金	30,000

【Ⅱ】３分法で処理した場合

	借方科目	金額	貸方科目	金額
⑴	仕入	70,000	現金	70,000
⑵	現金	60,000	売上	60,000
⑶	仕入	43,000	現金	43,000
⑷	現金	10,000	仕入	10,000
⑸	売上	30,000	現金	30,000

解説

⑴・⑶では，商品を仕入れた。このとき，分記法では，商品勘定（資産）の借方に記入する。一方，３分法では，仕入勘定（費用）の借方に記入する。なお，仕入諸掛（仕入れに要した引取運賃など）は，商品の原価に含めて記入する。

⑵では，商品を販売した（売り上げた）。このとき，分記法では，商品勘定（資産）の貸方に販売した商品の原価￥50,000を記入し，商品売買益勘定（収益）の貸方に売価と原価の差額￥10,000を記入する。一方，３分法では，売上勘定（収益）の貸方に売価￥60,000を記入する。

⑷では，先に仕入れた商品を返品した（仕入戻し）。このときは，商品を仕入れた記録を取り消すための仕訳を行う。つまり，分記法では，商品勘定の貸方に記入する。一方，３分法では，仕入勘定の貸方に記入する。

⑸では，先に販売した商品が返品された（売上戻り）。このときは，商品を販売した記録を取り消すための仕訳を行う。本問では，売価￥60,000（原価￥50,000）で販売した商品のうち，売価￥30,000相

当（原価¥25,000相当）の商品が返品された。そこで，分記法では，商品勘定の借方に原価¥25,000を記入し，商品売買益勘定の借方に売価と原価の差額¥5,000を記入する。一方，３分法では，売上勘定の借方に¥30,000を記入する。

基本問題 6－2

	借方科目	金額	貸方科目	金額
(1)	仕入	30,000	買掛金	30,000
(2)	売掛金	50,000	売上	50,000
(3)	仕入	42,000	買掛金 現金	40,000 2,000
(4)	売掛金 発送費	60,000 3,000	売上 現金	60,000 3,000
(5)	売掛金 立替金	60,000 3,000	売上 現金	60,000 3,000
(6)	買掛金	10,000	仕入	10,000
(7)	売上	20,000	売掛金	20,000

解　説

商品売買に伴う代金を後日支払う義務（債務）は買掛金勘定（負債），後日受け取る権利（債権）は売掛金勘定（資産）で処理する（第７章）。また，そのような取引を掛取引（掛仕入・掛販売）という。

(1)では，商品を仕入れたので，仕入勘定（費用）の借方に記入する。また，その代金を月末までに支払わなければならない義務（債務）が増加したので，買掛金勘定（負債）の貸方に記入する。

(2)では，商品を販売したので，売上勘定（収益）の貸方に記入する。また，その代金を月末までに受け取ることのできる権利（債権）が増加したので，売掛金勘定（資産）の借方に記入する。

(3)では，商品を仕入れたので，(1)と同様に処理する。なお，現金で支払った引取運賃（仕入諸掛）は，仕入勘定（費用）に含めて処理する。

(4)・(5)では，商品を販売したので，(2)と同様に処理する。なお，発送費¥3,000は，(4)では当社が負担するので，発送費勘定（費用）の借方に記入する。(5)では先方が負担するものを当社が立替払いしたことを意味するので，立替金勘定（資産）の借方に記入する。ただし，これは売掛金勘定（資産）に含めて，次のように処理してもよい（別解）。

(5)	（借）	売掛金	63,000	（貸）	売上	60,000
					現金	3,000

(6)は，仕入戻しなので，仕入勘定（費用）の貸方に記入する。また，その代金を支払う義務（債務）を減少させるために，買掛金勘定（負債）の借方に記入する。

(7)は，売上戻りなので，売上勘定（売上）の借方に記入する。また，その代金を受け取る権利（債権）を減少させるために，売掛金勘定（資産）の貸方に記入する。

基本問題 6－3

	借方科目	金額	貸方科目	金額
1/4	仕入	11,000	当座預金 買掛金 現金	7,000 3,000 1,000
10	買掛金	1,000	仕入	1,000
13	売掛金	7,500	売上	7,500
20	売上	900	売掛金	900
25	仕入	21,500	当座預金 買掛金	5,500 16,000
28	現金 売掛金 発送費	12,000 9,000 2,000	売上 現金	21,000 2,000

仕　入　帳

日	付	摘要		内訳	金額
1	4	A社	小切手・掛		
		X商品　100個　@¥100		10,000	
		引取運賃現金払い		1,000	11,000
	10	**A社**	**掛戻し**		
		X商品　10個　@¥100			**1,000**
	25	B社	小切手・掛		
		X商品　50個　@¥110		5,500	
		Y商品　80個　@¥200		16,000	21,500
	31		総仕入高		32,500
	〃		**仕入戻し高**		**1,000**
			純仕入高		31,500

解説

4日：引取運賃（仕入諸掛）は，当該商品の仕入の原価に含めるので，仕入勘定（費用）で処理するとともに，仕入帳にも記入する。

10日：仕入戻しは，仕入帳には赤字で記入する。

売　上　帳

日	付	摘　要		内訳	金額
1	13	C社	掛		
		X商品　50個　@￥150		7,500	7,500
	20	**C社**	**掛戻り**		
		X商品　6個　@￥150			**900**
	28	D社	小切手・掛		
		X商品　60個　@￥200		12,000	
		Y商品　30個　@￥300		9,000	21,000
	31		総売上高		28,500
	〃		**売上戻り高**		**900**
			純売上高		27,600

解　説

20日：売上戻りは，売上帳には赤字で記入する。

28日：発送費（売上諸掛）は，当該商品の売価（売上高）とは関係しないので，売上勘定に関係しないことは言うまでもなく，売上帳にも記入しない。なお，発送費は当社が負担するので，仕訳では発送費勘定（費用）で処理する。

基本問題 6－4

商品有高帳

先入先出法　　　　　　　　　　X商品

日付		摘要	受入			払出			残高		
			数量	単価	金額	数量	単価	金額	数量	単価	金額
5	1	前月繰越	24	240	5,760				24	240	5,760
	6	仕入	56	250	14,000				24	240	5,760
									56	250	14,000
	15	売上				24	240	5,760			
						20	250	5,000	36	250	9,000
	22	仕入	72	256	18,432				36	250	9,000
									72	256	18,432
	26	売上				36	250	9,000			
						42	256	10,752	30	256	7,680
	31	**次月繰越**				**30**	**256**	**7,680**			
			152		38,192	152		38,192			
6	1	前月繰越	30	256	7,680				30	256	7,680

解　説

先入先出法は，先に受け入れた商品から，先に払い出すものととらえて払出単価を計算する方法である。換言すれば，先に仕入れた商品から先に販売されたととらえて，販売された商品の単価（原価）を計算する方法である。

なお，商品を仕入れたときには「受入」の欄に，売り上げた（販売した）ときには「払出」の欄に記入する。よって，商品の在庫が「残高」の欄に示されることになる。

6日：A社から在庫（@¥240）とは異なる単価@¥250で仕入れた。よって，「残高」の欄には，上段に仕入れる前の@¥240で残高を記入し，下段に本日仕入れた@¥250で残高を記入する。

15日：B社に44個を販売した。よって，先に仕入れた@¥240の商品（24個）から販売した（払い出した）ととらえ，残り20個は@¥250の商品から販売した（払い出した）ととらえる。なお，商品有高帳は，商品ごとの在庫を原価で把握するものなので，問題で示された売価@¥410は使用しない。

22日：C社から在庫（@¥250）とは異なる単価@¥256で仕入れた。よって，「残高」の欄には，上段に仕入れる前の@¥250で残高を記入し，下段に本日仕入れた@¥256で残高を記入する。

26日：D社に78個を販売した。よって，先に仕入れた@¥250の商品（36個）から販売した（払い出した）ととらえ，残り42個は@¥256の商品から販売した（払い出した）ととらえる。なお，15日の解説で述べたように，問題で示された売価@¥430は使用しない。

商　品　有　高　帳

移動平均法　　　　　　　　　　　X商品

日付		摘要	受入			払出			残高		
			数量	単価	金額	数量	単価	金額	数量	単価	金額
5	1	前月繰越	24	240	5,760				24	240	5,760
	6	仕　入	56	250	14,000				80	247	19,760
	15	売　上				44	247	10,868	36	247	8,892
	22	仕　入	72	256	18,432				108	253	27,324
	26	売　上				78	253	19,734	30	253	7,590
	31	**次月繰越**				**30**	**253**	**7,590**			
			152		38,192	152		38,192			
6	1	前月繰越	30	253	7,590				30	253	7,590

解　説

移動平均法は，異なる単価で商品を受け入れるたびに平均単価を計算し，これをもって払出単価とする方法である。平均単価は，総在庫金額÷総在庫数量（金額の残高÷数量の残高）によって求められる。換言すれば，商品を仕入れるたびに平均単価（原価）を計算し，これをもって販売された商品の単価（原価）とする方法である。

なお，商品を仕入れたときには「受入」の欄に，売り上げた（販売した）ときには「払出」の欄に記入する。よって，商品の在庫が「残高」の欄に示されることになる。

6日：A社から在庫（@¥240）とは異なる単価@¥250で仕入れた。よって，「残高」の欄には，「数量」（24個＋56個＝80個）と「金額」（¥5,760＋¥14,000＝¥19,760）をそれぞれ合計して記入し，「単価」は平均して求める（¥19,760÷80個＝@¥247）。

15日：B社に44個を販売した。よって，直前の平均単価@¥247ですべてを販売した（払い出した）ととらえる。なお，商品有高帳は，商品ごとの在庫を原価で把握するものなので，問題で示された売価@¥410は使用しない。

22日：C社から在庫（@¥247）とは異なる単価@¥256で仕入れた。よって，「残高」の欄には，「数量」（36個＋72個＝108個）と「金額」（¥8,892＋¥18,432＝¥27,324）をそれぞれ合計して記入し，「単価」は平均して求める（¥27,324÷108個＝@¥253）。

26日：D社に78個を販売した。よって，直前の平均単価@¥253ですべてを販売した（払い出した）ととらえる。なお，15日の解説で述べたように，問題で示された売価@¥430は使用しない。

基本問題6－5

(1)	(2)	(3)
¥ 36,000	¥ 530,000	¥ 880,000
(4)	(5)	
¥ 539,000	¥ 341,000	

	借方科目	金額	貸方科目	金額
(6)	仕入	36,000	繰越商品	36,000
	繰越商品	27,000	仕入	27,000
(7)	売上原価	36,000	繰越商品	36,000
	売上原価	530,000	仕入	530,000
	繰越商品	27,000	売上原価	27,000

解説

(1) 期首商品棚卸高は，決算整理前の繰越商品勘定の残高によって示されている。

(2) 当期商品仕入高は，決算整理前の仕入勘定の残高によって示されている。

(3) 当期の売上高は，売上勘定の残高によって示されている。なお，本問では，売上勘定に関する決算整理事項等に関する記述がないので，決算整理前の売上勘定の残高がそのまま決算整理後の売上勘定の残高となり，損益計算書に売上高として計上する。

(4) 当期の売上原価は，「期首商品棚卸高＋当期商品仕入高－期末商品棚卸高＝売上原価」によって求められる。よって，「¥36,000＋¥530,000－¥27,000＝¥539,000」と求める。

(5) 当期の売上総利益は，「売上高－売上原価＝売上総利益」によって求められる。よって，

「¥880,000－¥539,000＝¥341,000」と求める。

(6) 学習のポイント6(1)を参照すること。なお，このように仕入勘定で売上原価を計算する仕訳を各勘定に転記すれば，繰越商品勘定の残高は期末商品棚卸高¥27,000，仕入勘定の残高は売上原価¥539,000となる。

(7) 学習のポイント6(2)を参照すること。なお，このように売上原価勘定で売上原価を計算する仕訳を各勘定に転記すれば，繰越商品勘定の残高は期末商品棚卸高¥27,000，仕入勘定の残高は¥0，売上原価勘定の残高は売上原価¥539,000となる。

応用問題6－1

	借方科目	金額	貸方科目	金額
(1)	現金過不足	3,000	受取手数料 雑益	2,000 1,000
(2)	当座預金	80,000	当座借越	80,000
(3)	仕入 繰越商品	90,000 70,000	繰越商品 仕入	90,000 70,000

なお，(2)の仕訳では，当座借越勘定（負債）の代わりに借入金勘定（負債）を用いてもよい。

(4)	(5)
¥ 650,000	¥ 290,000

解説

(1) 応用問題5－1(1)の解説を参照すること。本問では，受取手数料¥2,000の記帳漏れが判明したので，原因不明の¥1,000（貸方残高）を雑益勘定（収益）で処理する。

(2) 応用問題5－1(2)の解説を参照すること。本問では，当座預金勘定が貸方残高¥80,000であるので，当座借越（負債）¥80,000となっていることがわかる。そこで，これを当座借越勘定（負債）または借入金勘定（負債）に振り替える。

(3) 学習のポイント6(1)を参照すること。もし，これを売上原価勘定で計算するならば，仕訳は次のとおりとなる。

（借）	売上原価	90,000	（貸）	繰越商品	90,000
（借）	売上原価	630,000	（貸）	仕入	630,000
（借）	繰越商品	70,000	（貸）	売上原価	70,000

(4) 売上原価は，期首商品棚卸高（決算整理前残高試算表の繰越商品勘定の残高¥90,000）＋当期商品仕入高（決算整理前残高試算表の仕入勘定の残高¥630,000）－期末商品棚卸高（問題文より¥70,000）によって，¥650,000と求められる。

(5) 売上総利益は，売上高（売上勘定の残高¥940,000）－売上原価（上記(4)より¥650,000）によって¥290,000と求められる。

応用問題 6－2

	借方科目	金額	貸方科目	金額
(1)	現金	15,000	雑益	15,000
(2)	仕訳なし			
(3)	売上原価	64,000	繰越商品	64,000
	売上原価	500,000	仕入	500,000
	繰越商品	56,000	売上原価	56,000

(4)	(5)
¥ 508,000	¥ 242,000

解説

(1) 応用問題5－2(1)の解説を参照すること。本問では，実際有高の方が帳簿残高よりも¥15,000過剰であったことが確認され，その原因については言及されていないことから不明と推察されるので，現金勘定の借方に¥15,000を記入することで実際有高と帳簿残高を一致させ，その相手勘定は雑益勘定（収益）で処理する。

(2) 応用問題5－1(2)の解説を参照すること。本問では，当座預金勘定が借方残高¥150,000であるので，当座預金（資産）となっていることがわかる。したがって，決算整理仕訳は不要である。

(3) 学習のポイント6(2)を参照すること。もし，これを仕入勘定で計算するならば，仕訳は次のとおりとなる。

（借）仕入 64,000 （貸）繰越商品 64,000
（借）繰越商品 56,000 （貸）仕入 56,000

(4) 売上原価は，期首商品棚卸高（決算整理前残高試算表の繰越商品勘定の残高¥64,000）＋当期商品仕入高（決算整理前残高試算表の仕入勘定の残高¥500,000）－期末商品棚卸高（問題文より¥56,000）によって，¥508,000と求められる。

(5) 売上総利益は，売上高（売上勘定の残高¥750,000）－売上原価（上記(4)より¥508,000）によって¥242,000と求められる。

応用問題 6－3

借方科目	金額	貸方科目	金額
仕入	1,000	繰越商品	1,000
繰越商品	2,000	仕入	2,000

繰越商品

前期繰越	1,000	仕入	1,000
仕入	2,000	**次期繰越**	**2,000**
	3,000		3,000
前期繰越	2,000		

仕入

	30,000	繰越商品	2,000
繰越商品	1,000	損益	29,000
	31,000		31,000

解説

3分法では，商品仕入時に，商品の取得原価をもって仕入勘定の借方に記入し，商品販売時に，商品の売価をもって売上勘定の貸方に記入し，決算時に，期末商品棚卸高（次期へ繰り越される商品）が繰越商品勘定の残高となるように記入する。つまり，当期の決算時（決算整理前）には，繰越商品勘定の借方に期首商品棚卸高（前期から繰り越された商品，本問でいう￥1,000）が記入されており，仕入勘定の借方に当期商品仕入高（本問でいう￥30,000）が記入されている。

そこで，決算時（仕入勘定で売上原価を計算する場合）には，①繰越商品勘定の借方にある期首商品棚卸高￥1,000を仕入勘定の借方に振替記入し，②確定した（問題文で与えられた）期末商品棚卸高￥2,000を仕入勘定から減算するよう貸方に記入し，これを繰越商品勘定の借方に振替記入する。

勘定の締め切りは，基本問題4－3で復習すること。

応用問題 6－4

借方科目	金額	貸方科目	金額
売上原価	1,000	繰越商品	1,000
売上原価	30,000	仕入	30,000
繰越商品	2,000	売上原価	2,000

繰越商品

前期繰越	1,000	売上原価	1,000
売上原価	2,000	**次期繰越**	**2,000**
	3,000		3,000
前期繰越	2,000		

仕　　入

	30,000	売上原価	30,000

売上原価

繰越商品	1,000	繰越商品	2,000
仕　　入	30,000	損　　益	29,000
	31,000		31,000

解　説

応用問題6－3と同様に3分法が用いられているため，当期の決算時（決算整理前）には，繰越商品勘定の借方に期首商品棚卸高（前期から繰り越された商品，本問でいう￥1,000）が記入されており，仕入勘定の借方に当期商品仕入高（本問でいう￥30,000）が記入されている。

そこで，決算時（売上原価勘定で売上原価を計算する場合）には，①繰越商品勘定の借方にある期首商品棚卸高￥1,000を売上原価勘定の借方に振替記入し，②仕入勘定の借方にある当期商品仕入高￥30,000を売上原価勘定の借方に振替記入し，③確定した（問題文で与えられた）期末商品棚卸高￥2,000を売上原価勘定から減算するよう貸方に記入し，これを繰越商品勘定の借方に振替記入する。

勘定の締め切りは，基本問題4－3で復習すること。

第7章　売掛金・買掛金

基本問題7－1

	借方科目	金額	貸方科目	金額
(1)	仕入	30,000	買掛金	30,000
(2)	仕入	50,000	買掛金	50,000
(3)	買掛金	5,000	仕入	5,000
(4)	買掛金	20,000	現金	20,000
(5)	買掛金	40,000	当座預金	40,000
(6)	売掛金	70,000	売上	70,000
(7)	売掛金	90,000	売上	90,000
(8)	売上	20,000	売掛金	20,000
(9)	現金	50,000	売掛金	50,000
(10)	現金	60,000	売掛金	60,000

解説

商品の代金を後日支払わなければならない義務（債務）は，買掛金勘定（負債）で処理する。一方，商品の代金を後日受け取ることのできる権利（債権）は，売掛金勘定（資産）で処理する。

なお，返品の処理は第6章の学習のポイント3を参照すること。問題文において特別な指示がない限り，掛で仕入れた商品を返品したときには買掛金と相殺（買掛金勘定の借方に記入）し，掛で販売した商品が返品されたときには売掛金と相殺（売掛金勘定の貸方に記入）する。また，小切手の振り出しや受け取りは第5章の学習のポイント2を参照すること。

基本問題７－２

	借方科目	金額	貸方科目	金額
(1)	仕入	30,000	A社	30,000
(2)	仕入	50,000	B社	50,000
(3)	A社	5,000	仕入	5,000
(4)	A社	20,000	現金	20,000
(5)	B社	40,000	当座預金	40,000
(6)	C社	70,000	売上	70,000
(7)	D社	90,000	売上	90,000
(8)	売上	20,000	D社	20,000
(9)	現金	50,000	C社	50,000
(10)	現金	60,000	D社	60,000

解　説

売掛金・買掛金について，人名勘定を用いて処理する場合には，取引先の企業名（A社，B社…，X商店，Y商店…，など）を勘定科目として用いて処理する。こうすることで，取引先別の売掛金・買掛金の増減を把握できるようになる。本問では，A社勘定・B社勘定は，各社に対する買掛金を記録・計算するための人名勘定として処理する。一方，C社・D社勘定は，各社に対する売掛金を記録・計算するための人名勘定として処理する。

基本問題７－３

	借方科目	金額	貸方科目	金額
5/ 7	売掛金	140,000	売上	140,000
15	売上	10,000	売掛金	10,000
23	現金	120,000	売掛金	120,000

総勘定元帳

売掛金

5/ 1	前月繰越	50,000	5/15	売上	10,000
7	売上	140,000	23	現金	120,000
			31	**次月繰越**	**60,000**
		190,000			190,000
6/ 1	前月繰越	60,000			

売掛金元帳

A　社

日付		摘要	借方	貸方	借または貸	残高
5	1	前月繰越	30,000		借	30,000
	7	売上	100,000		〃	130,000
	15	返品		10,000	〃	120,000
	23	入金（小切手）		70,000	〃	50,000
	31	**次月繰越**		**50,000**		
			130,000	130,000		
6	1	前月繰越	50,000		借	50,000

解　説

掛販売を行う相手（取引先）が多数ある場合には，取引先ごとの売掛金の残高を把握するために人名勘定を用いることがある。しかし，そうすることによって，売掛金の総額を把握することがかえって煩雑となってしまうことがある。本問では，主要簿である総勘定元帳では売掛金勘定を用いて処理し，補助簿である売掛金元帳では人名勘定を用いてA社についてのみ処理することが求められている。売掛金元帳には，売掛金が増加したときに借方に記入し，減少したときに貸方に記入する。

基本問題 7－4

	借方科目	金額	貸方科目	金額
6/ 5	仕入	170,000	買掛金	170,000
18	買掛金	20,000	仕入	20,000
27	買掛金	140,000	当座預金	140,000

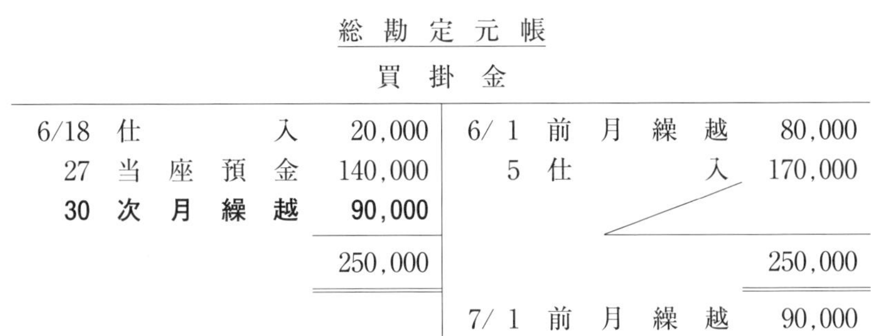

総勘定元帳

買掛金

6/18	仕入	20,000	6/ 1	前月繰越	80,000
27	当座預金	140,000	5	仕入	170,000
30	**次月繰越**	**90,000**			
		250,000			250,000
			7/ 1	前月繰越	90,000

買掛金元帳

C　社

日	付	摘要	借方	貸方	借または貸	残高
6	1	前月繰越		50,000	貸	50,000
	5	仕入		110,000	〃	160,000
	18	返品	20,000		〃	140,000
	27	支払（小切手）	90,000		〃	50,000
	30	**次月繰越**	**50,000**			
			160,000	160,000		
7	1	前月繰越		50,000	貸	50,000

解説

掛仕入を行う相手（取引先）が多数ある場合には，取引先ごとの買掛金の残高を把握するために人名勘定を用いることがある。しかし，そうすることによって，買掛金の総額を把握することがかえって煩雑となってしまうことがある。本問では，主要簿である総勘定元帳では買掛金勘定を用いて処理し，補助簿である買掛金元帳では人名勘定を用いてC社についてのみ処理することが求められている。買掛金元帳には，買掛金が増加したときに貸方に記入し，減少したときに借方に記入する。

基本問題 7－5

	借方科目	金額	貸方科目	金額
(1)	貸倒引当金	10,000	売掛金	10,000
(2)	貸倒引当金 貸倒損失	20,000 70,000	売掛金	90,000
(3)	貸倒損失	80,000	売掛金	80,000
(4)	現金	30,000	償却債権取立益	30,000

解　説

⑴　前期に発生した売掛金には，貸倒引当金が設定されている。よって，貸倒引当金の残高￥20,000のうち￥10,000を取り崩して処理する。

⑵　前期に発生した売掛金には，貸倒引当金が設定されている。よって，貸倒引当金の残高￥20,000を取り崩し，これを超過した金額￥70,000は貸倒損失勘定（費用）で処理する。

⑶　当期に発生した売掛金には，貸倒引当金が設定されていない。よって，貸倒引当金を取り崩すことができないので，貸倒損失勘定（費用）で処理する。

⑷　前期に貸倒れとして処理した売掛金が回収された場合には，これを償却債権取立益勘定（収益）で処理する。

基本問題７－６

	借方科目	金額	貸方科目	金額
⑴	クレジット売掛金 支払手数料	96,000 4,000	売上	100,000
⑵	当座預金	96,000	クレジット売掛金	96,000

解　説

本章の学習のポイント５を参照すること。

応用問題７－１

	借方科目	金額	貸方科目	金額
⑴	貸倒引当金繰入	6,000	貸倒引当金	6,000
⑵	貸倒引当金	3,000	売掛金	3,000
⑶	貸倒引当金	5,000	貸倒引当金戻入	5,000

解　説

⑴　貸倒引当金として設定すべき金額は￥500,000×４％＝￥20,000である。しかし，すでに￥14,000が設定されているので，￥6,000を当期の費用として繰り入れる（差額補充法）。

⑵　前期（X1年２月15日）に生じた売掛金には，貸倒引当金が設定されている。よって，貸倒引当金の残高￥20,000のうち￥3,000を取り崩して処理する。なお，これによって，貸倒引当金の残高は￥17,000となった。

⑶　貸倒引当金として設定すべき金額は￥300,000×４％＝￥12,000である。しかし，すでに￥17,000が設定されているので，￥5,000を当期の収益として戻し入れる（差額補充法）。

応用問題7－2

	借方科目	金額	貸方科目	金額
(1)	貸倒引当金繰入	4,000	貸倒引当金	4,000
(2)	仕入 繰越商品	50,000 60,000	繰越商品 仕入	50,000 60,000

(3)	(4)
¥　760,000	¥　230,000

解説

(1)　当期末に貸倒引当金として設定すべき金額は，¥9,000（＝売掛金の期末残高¥300,000×３％）である。しかし，すでに¥5,000が設定されているので，これらの差額¥4,000を当期の費用として繰り入れる（差額補充法）。すなわち，貸倒引当金繰入勘定（費用）の借方に記入し，貸倒引当金勘定の貸方に記入する。

(2)　第６章の学習のポイント６(1)を参照すること。もし，これを売上原価勘定で計算するならば，仕訳は次のとおりとなる。

（借）売上原価　50,000　（貸）繰越商品　50,000
（借）売上原価　770,000　（貸）仕入　770,000
（借）繰越商品　60,000　（貸）売上原価　60,000

(3)　売上原価は，期首商品棚卸高（決算整理前残高試算表の繰越商品勘定の残高¥50,000）＋当期商品仕入高（決算整理前残高試算表の仕入勘定の残高¥770,000）－期末商品棚卸高（問題文より¥60,000）によって，¥760,000と求められる。

(4)　売上総利益は，売上高（売上勘定の残高¥990,000）－売上原価（上記(3)より¥760,000）によって¥230,000と求められる。

第８章　その他債権・債務

基本問題８－１

	借方科目	金額	貸方科目	金額
⑴	貸付金	200,000	現金	200,000
⑵	現金	203,000	貸付金 受取利息	200,000 3,000
⑶	現金	300,000	借入金	300,000
⑷	借入金 支払利息	300,000 9,000	現金	309,000
⑸	貸付金	450,000	現金 受取利息	427,500 22,500
⑹	現金	450,000	貸付金	450,000
⑺	当座預金 支払利息	552,000 48,000	借入金	600,000
⑻	借入金	600,000	当座預金	600,000

解　説

本章の学習のポイント１を参照すること。

⑵のように，金銭の貸し付けに伴って利息を受け取ったときには，受取利息勘定（収益）で処理する。また，このときの利息は，元本¥200,000×年利率３％÷12ヵ月×６ヵ月＝¥3,000と計算する。

⑷のように，金銭の借り入れに伴って利息を支払ったときには，支払利息勘定（費用）で処理する。また，このときの利息は，元本¥300,000×年利率４％÷12ヵ月×９ヵ月＝¥9,000と計算する。

⑸の利息は，元本¥450,000×年利率３％÷12ヵ月×20ヵ月（１年８ヵ月）＝¥22,500と計算する。

⑺の利息は，元本¥600,000×年利率４％×２年＝¥48,000と計算する。

基本問題８－２

	借方科目	金額	貸方科目	金額
⑴	備品	200,000	未払金	200,000
⑵	未払金	200,000	当座預金	200,000
⑶	未収入金	5,000,000	土地	5,000,000
⑷	現金	5,000,000	未収入金	5,000,000

解　説

本章の学習のポイント2を参照すること。

なお，⑶は固定資産（備品・建物・車両運搬具・土地など）を売却した取引である。これは第10章で詳しく学習する。現時点では，「不用になった土地（簿価¥5,000,000）」とは，この土地の帳簿上の価額（帳簿に記録されている金額）が¥5,000,000であったことを意味すると理解しておけばよい。つまり，土地¥5,000,000を売却するので，土地勘定の貸方に¥5,000,000を記入し，代金は後日受け取ることとしたので未収入金勘定（資産）の借方に¥5,000,000を記入する。

基本問題 8－3

	借方科目	金額	貸方科目	金額
⑴	前払金	60,000	現金	60,000
⑵	仕入	600,000	前払金 買掛金	60,000 540,000
⑶	現金	80,000	前受金	80,000
⑷	前受金 売掛金	80,000 720,000	売上	800,000

解　説

本章の学習のポイント3を参照すること。

⑴では，商品の発注に伴い，内金として¥60,000を支払ったので，その分だけ商品を引き渡すよう請求できる権利（債権）が生じた。よって，これを前払金勘定（資産）で処理する。

⑶では，商品の受注に伴い，内金として¥80,000を受け取ったので，その分だけ商品を引き渡す義務（債務）が生じた。よって，これを前受金勘定（負債）で処理する。

基本問題 8－4

	借方科目	金額	貸方科目	金額
(1)	売掛金 立替金	100,000 2,000	売上 現金	100,000 2,000
(2)	現金	2,000	立替金	2,000
(3)	従業員立替金	10,000	現金	10,000
(4)	給料	300,000	普通預金 従業員立替金 所得税預り金 社会保険料預り金	245,000 10,000 30,000 15,000
(5)	所得税預り金	30,000	現金	30,000
(6)	社会保険料預り金 法定福利費	15,000 15,000	現金	30,000

(3)の「従業員立替金」は，「立替金」でもよい。ただし，その場合には，(4)でも同様にすること。

(4)の「所得税預り金」・「社会保険料預り金」は，合わせて「預り金」としてもよい。その場合には，(5)の「所得税預り金」も「預り金」とし，(6)の「社会保険料預り金」も「預り金」とすること。

解説

本章の学習のポイント4を参照すること。

(1)は，基本問題6－2(5)で学習済みである。先方が負担すべき発送費を当社が立替払いしたので，立替金勘定（資産）の借方に記入する。ただし，これは売掛金勘定（資産）に含めて，次のように処理してもよいが，その場合には，(2)を次のように処理しなければならない（別解）。

(1)	(借)	売掛金	102,000	(貸)	売上	100,000
					現金	2,000
(2)	(借)	現金	2,000	(貸)	売掛金	2,000

(6)は，従業員の社会保険料￥30,000を，従業員と企業側（当社）とで半額ずつ負担し，これを当社がまとめて現金で支払ったという取引である。従業員負担分￥15,000は，(4)の給料支給時に社会保険料預り金勘定（負債）で処理していたので，これを減少させる仕訳を行う。一方，企業側（当社）負担分￥15,000は，法定福利費勘定（費用）で処理する。

基本問題8－5

	借方科目	金額	貸方科目	金額
(1)	仮払金	100,000	現金	100,000
(2)	当座預金	300,000	仮受金	300,000
(3)	仮受金	300,000	売掛金	300,000
(4)	旅費交通費 現金	95,200 4,800	仮払金	100,000
(5)	仮払金	200,000	現金	200,000
(6)	旅費交通費	245,000	仮払金 現金	200,000 45,000

解説

本章の学習のポイント5を参照すること。

(1)・(5)は，旅費交通費という内容は確定しているが，金額が概算であり確定していないので，仮払金勘定（資産）で処理する。また，(1)・(4)では，旅費交通費の概算額として￥100,000を渡したが，余った分￥4,800が返金されたので，旅費交通費勘定（費用）の借方には￥95,200を記入する。一方，(5)・(6)では，概算額として￥200,000を渡したが，（従業員から領収書などの提出によって請求され）不足した分￥45,000を現金で渡したので，旅費交通費勘定（費用）の借方には￥245,000を記入する。

(2)は，当社の当座預金口座に￥300,000が振り込まれたので金額は確定したが，その内容は確定していないので，仮受金勘定（負債）で処理する。

基本問題8－6

	借方科目	金額	貸方科目	金額
(1)	受取商品券	10,000	売上	10,000
(2)	受取商品券	30,000	売上 現金	28,000 2,000
(3)	受取商品券 現金	20,000 10,000	売上	30,000
(4)	当座預金	10,000	受取商品券	10,000
(5)	普通預金	50,000	受取商品券	50,000

解説

本章の学習のポイント6を参照すること。なお，商品券を精算したときには，受取商品券勘定（資産）の貸方に記入する。

基本問題 8－7

	借 方 科 目	金 額	貸 方 科 目	金 額
(1)	差入保証金	300,000	現　　　金	300,000
(2)	支払家賃	100,000	当座預金	100,000
(3)	当座預金 修繕費	250,000 50,000	差入保証金	300,000

解　説

本章の学習のポイント7を参照すること。

(2)で家賃を支払ったときには，支払家賃勘定（費用）で処理する。(3)で負担した修繕費は，修繕費勘定（費用）で処理する。

応用問題 8－1

(1)	借 方 科 目	金 額	貸 方 科 目	金 額
A社	備　　　品	600,000	未　払　金	600,000
B社	売　掛　金	600,000	売　　　上	600,000

(2)	借 方 科 目	金 額	貸 方 科 目	金 額
A社	売　掛　金	2,000,000	売　　　上	2,000,000
B社	車両運搬具	2,000,000	未　払　金	2,000,000

解　説

(1)の取引は，A社の立場から記述されているので，A社の仕訳を先に考えるとよい。同様に，(2)の取引は，B社の立場から記述されているので，B社の仕訳を先に考えるとよい。なお，営業に使用するためにパソコンや自動車などを購入したときの処理（固定資産の購入）は，第10章で詳しく学習する。

(1)　A社の立場からすれば，営業に使用するためにパソコンを購入したので，これを備品として処理する。よって，備品勘定（資産）の借方に記入する。また，このように商品以外のものを購入し，その代金を後日支払うこととしたので，未払金勘定（負債）の貸方に記入する。

この取引をB社の立場から記述し直せば，「B社は，A社に商品（パソコン3台，@¥200,000）を販売し，代金は月末までに受け取ることとした（代金は掛とした）。」などとなる。すなわち，B社の立場からすれば，パソコンという商品をA社に販売したので，売上勘定（収益）の貸方に記入する。また，このように商品を販売し，代金を後日受け取ることとしたので（代金は掛としたので），売掛金勘定（資産）の借方に記入する。

⑵　この取引をＡ社の立場から記述し直せば，「Ａ社は，Ｂ社に商品（自動車２台，@¥1,000,000）を販売し，代金は月末までに受け取ることとした（代金は掛とした）。」などとなる。すなわち，Ａ社の立場からすれば，自動車という商品をＢ社に販売したので，売上勘定（収益）の貸方に記入する。また，このように商品を販売し，代金を後日受け取ることとしたので（代金は掛としたので），売掛金勘定（資産）の借方に記入する。

Ｂ社の立場からすれば，営業に使用するために自動車を購入したので，これを車両運搬具として処理する。よって，車両運搬具勘定（資産）の借方に記入する。また，このように商品以外のものを購入し，その代金を後日支払うこととしたので，未払金勘定（負債）の貸方に記入する。

第9章　手　　形

基本問題９－１

	借方科目	金額	貸方科目	金額
(1)	仕入	130,000	支払手形	130,000
(2)	受取手形	290,000	売上	290,000
(3)	支払手形	130,000	当座預金	130,000
(4)	当座預金	290,000	受取手形	290,000

解　説

(1)・(2)は，学習のポイント１を参照すること。なお，(1)の取引では，当社がＡ社宛の約束手形を振り出した。よって，当社が振出人（支払人）であり，Ａ社が名宛人（受取人）である。同様に，(2)の取引では，Ｂ社が当社宛の約束手形を振り出した。よって，Ｂ社が振出人（支払人）であり，当社が名宛人（受取人）である。

(3)では，(1)で当社が振り出した手形の支払期日（満期日）を迎えたので，手形を振り出したことによって生じた債務を表す支払手形勘定（負債）を減少させるため，その借方に記入する。

(4)では，(2)で当社が受け取った手形の支払期日（満期日）を迎えたので，手形を受け取ったことによって生じた債権を表す受取手形勘定（資産）を減少させるため，その貸方に記入する。

基本問題９－２

	借方科目	金額	貸方科目	金額
(1)	仕入	153,000	支払手形 現金	150,000 3,000
(2)	受取手形 立替金	320,000 4,000	売上 現金	320,000 4,000
(3)	受取手形 発送費	270,000 5,000	売上 現金	270,000 5,000

解　説

手形については，本章の学習のポイント１を参照すること。また，(1)の引取運賃・(2)の発送費については，第６章の学習のポイント２を参照すること。

基本問題 9－3

受取手形記入帳

日付		摘要	金額	手形種類	手形番号	支払人	振出人又は裏書人	振出日		満期日		支払場所	てん末		
													月日		摘　要
8	1	売上	560,000	約手	24	A社	A社	8	1	8	23	X銀行	8	23	取立

支払手形記入帳

日付		摘要	金額	手形種類	手形番号	受取人	振出人	振出日		満期日		支払場所	てん末		
													月日		摘　要
8	12	仕入	780,000	約手	20	B社	当社	8	12	9	14	Y銀行	9	14	支払

本章の学習のポイント2を参照すること。なお，約束手形を受け取ったときは，受取手形記入帳に記入する。また，約束手形を振り出したときには，支払手形記入帳に記入する。

「てん末」欄には，その手形の債権・債務が消滅したときの理由を記入する。つまり，手形代金を受け取ったときには「取立」（または「受取」），手形代金を支払ったときには「支払」と記入する。

基本問題 9－4

	借方科目	金額	貸方科目	金額
(1)	手形貸付金	500,000	普通預金 受取利息	498,000 2,000
(2)	現金 支払利息	597,000 3,000	手形借入金	600,000
(3)	現金	500,000	手形貸付金	500,000
(4)	手形借入金	600,000	当座預金	600,000

(1)の「手形貸付金」は，「貸付金」でもよい。ただし，その場合には，(3)でも「貸付金」としなければならない。同様に，(2)の「手形借入金」は，「借入金」でもよい。ただし，その場合には，(4)でも「借入金」としなければならない。

解説

手形を用いた金銭の貸借の処理は，本章の学習のポイント3を参照すること。また，普通預金口座については第5章の学習のポイント4，小切手については第5章の学習のポイント1・2を参照すること。さらに，金銭の貸借に伴う利息は，受取利息勘定（収益）・支払利息勘定（費用）で処理する。

基本問題 9－5

	借方科目	金額	貸方科目	金額
(1)	電子記録債権	300,000	売掛金	300,000
(2)	当座預金	300,000	電子記録債権	300,000
(3)	買掛金	200,000	電子記録債務	200,000
(4)	電子記録債務	200,000	当座預金	200,000

解　説

本章の学習のポイント 4 を参照すること。

応用問題 9－1

(1)

借方科目	金額	貸方科目	金額
貸倒引当金繰入	3,000	貸倒引当金	3,000

(2)

貸借対照表

X2年 3 月31日

資産	金額		負債
		：	
受取手形	100,000		
貸倒引当金	4,000	96,000	
売掛金	150,000		
貸倒引当金	6,000	144,000	
：		：	

解　説

第 7 章の学習のポイント 3 を参照すること。

(1) 受取手形と売掛金の期末残高￥250,000（＝￥100,000＋￥150,000）に対して，4 %の貸倒引当金を設定するので，貸倒れの見積り額は￥10,000（＝￥250,000× 4 %）と求められる。ただし，貸倒引当金はすでに￥7,000（決算整理前残高試算表の貸倒引当金勘定の残高）が設定されているので，￥3,000（＝￥10,000－￥7,000）を当期の費用として繰り入れるための決算整理仕訳を行う。

(2) 貸倒引当金勘定は，資産の評価勘定であるので，帳簿では貸方残高となるが，貸借対照表には対象となる資産から控除するように借方に表示する。(1)のように決算整理をしたことによって，帳簿では貸倒引当金勘定の貸方残高は¥10,000となった。この内訳は，受取手形に対して設定した¥4,000（＝受取手形勘定の残高¥100,000×４％）と，売掛金に対して設定した¥6,000（売掛金勘定の残高¥150,000×４％）であるので，解答のように表示する。

第10章　固定資産

基本問題10-1

	借方科目	金額	貸方科目	金額
(1)	車両運搬具	2,250,000	未払金	2,250,000
(2)	土地	8,500,000	当座預金	8,500,000
(3)	備品	3,000,000	普通預金	3,000,000
(4)	建物	5,400,000	未払金 現金	5,000,000 400,000

解説

本章の学習のポイント1・2を参照すること。有形固定資産を購入したときには，それを使用するまでに要した付随費用（本問(1)でいえば，自動車を購入したことに伴って支払った諸経費¥250,000）は，当該有形固定資産の取得原価に含めて処理する。こうすることで，決算では付随費用も含めて減価償却されることになる。

基本問題10-2

	借方科目	金額	貸方科目	金額
(1)	修繕費	50,000	現金	50,000
(2)	建物	1,000,000	未払金	1,000,000
(3)	建物 修繕費	120,000 280,000	当座預金	400,000

解説

本章の学習のポイント3を参照すること。改良（資本的支出）は，当該有形固定資産の勘定の借方に記入し，修繕（収益的支出）は，修繕費勘定（費用）の借方に記入する。

基本問題10-3

(1)	借方科目	金額	貸方科目	金額
X1年 4/1	備品	540,000	当座預金 未払金 現金	300,000 200,000 40,000
X2年 3/31	減価償却費	121,500	備品減価償却累計額	121,500

なお，X2年3月31日の仕訳では，「備品減価償却累計額」ではなく，「減価償却累計額」としてもよい。

(2)	借方科目	金額	貸方科目	金額
X1年 4/1	建物	1,200,000	未払金 現金	1,000,000 200,000
X2年 3/31	減価償却費	135,000	建物減価償却累計額	135,000

なお，X2年3月31日の仕訳では，「建物減価償却累計額」ではなく，「減価償却累計額」としてもよい。

解説

本章の学習のポイント4を参照すること。

本問(1)では，備品を当期首に購入し，当期末（決算日）を迎えた。よって，当期にはこの備品を1年間使用したので，減価償却費は「(備品の取得原価￥540,000－残存価額￥54,000)÷耐用年数4年＝￥121,500」(定額法）と計算する。また，間接法では，備品の減価分を備品減価償却累計額勘定（または減価償却累計額勘定）で処理する。

本問(2)では，建物を当期首に購入し，当期末（決算日）を迎えた。よって，当期にはこの建物を1年間使用したので，減価償却費は「(建物の取得原価￥1,200,000－残存価額￥120,000)÷耐用年数8年＝￥135,000」(定額法）と計算する。また，間接法では，建物の減価分を建物減価償却累計額勘定（または減価償却累計額勘定）で処理する。

応用問題10-1

(1)

借方科目	金額	貸方科目	金額
減価償却費	435,000	備品減価償却累計額 建物減価償却累計額	75,000 360,000

(2)

貸 借 対 照 表

X2年３月31日

資　　産	金　　額		負　　債
		：	
備　　品	300,000		
減価償却累計額	150,000	150,000	
建　　物	4,000,000		
減価償却累計額	2,160,000	1,840,000	
：		：	

解　説

本章の学習のポイント４を参照すること。

(1)　備品の減価償却費は，「(取得原価￥300,000－残存価額￥０)÷耐用年数４年＝￥75,000」(定額法）と計算する。建物の減価償却費は，「(取得原価￥4,000,000－残存価額￥400,000)÷耐用年数10年＝￥360,000」(定額法）と計算する。なお，本問では，保有する有形固定資産の勘定が複数（備品と建物）あるので，間接法で記帳する場合に，○○減価償却累計額勘定と対象となる資産ごとに分けておく。また，本問の場合には，決算整理前残高試算表が示されており，そこに備品減価償却累計額勘定と建物減価償却累計額勘定が記載されていることからも，これらを用いて処理しなければならないことがわかる。

(2)　減価償却累計額勘定は，資産の評価勘定であるので，帳簿では貸方残高となるが，貸借対照表には対象となる資産ごとに分けて，それぞれから控除するように借方に表示する。また，貸借対照表に表示するときには，決算整理前残高試算表に示された残高（備品減価償却累計額勘定の残高￥75,000，建物減価償却累計額勘定の残高￥1,800,000）に，(1)で仕訳した結果を合わせて，それぞれ記入する。

第11章　純資産（資本）

基本問題11-1

	借方科目	金額	貸方科目	金額
(1)	当座預金	1,000,000	資本金	1,000,000
(2)	当座預金	500,000	資本金	500,000

解　説

本章の学習のポイント１を参照すること。

基本問題11-2

	借方科目	金額	貸方科目	金額
(1)	損益	800,000	繰越利益剰余金	800,000
(2)	繰越利益剰余金	700,000	損益	700,000

解　説

本章の学習のポイント２(1)〜(3)を参照すること。なお，本問では，そのうち(1)・(2)の仕訳をすでに終えているので，(3)の仕訳を行うことが求められた。

本問(1)は，「収益＞費用」であり，損益勘定で当期純利益が計算されたので，その分だけ繰越利益剰余金を増加させる仕訳を行う。一方，(2)は，「収益＜費用」であり，損益勘定で当期純損失が計算されたので，その分だけ繰越利益剰余金を減少させる仕訳を行う。

基本問題11-3

	借方科目	金額	貸方科目	金額
(1)	繰越利益剰余金	220,000	未払配当金	200,000
			利益準備金	20,000
(2)	未払配当金	200,000	当座預金	200,000

解　説

本章の学習のポイント３を参照すること。なお，本問(1)では，学習のポイント３(1)・(3)の仕訳を同時に行う。また，本問(2)では，学習のポイント３(2)の仕訳を行う。

第12章　税　　金

基本問題12-1

	借方科目	金額	貸方科目	金額
(1)	租税公課	20,000	現金	20,000
(2)	租税公課	500,000	現金	500,000

解　説

本章の学習のポイント2を参照すること。

基本問題12-2

	借方科目	金額	貸方科目	金額
(1)	仮払法人税等	300,000	現金	300,000
(2)	法人税，住民税及び事業税	700,000	仮払法人税等 未払法人税等	300,000 400,000
(3)	未払法人税等	400,000	現金	400,000

解　説

本章の学習のポイント3を参照すること。

基本問題12-3

	借方科目	金額	貸方科目	金額
(1)	仕入 仮払消費税	500,000 50,000	買掛金	550,000
(2)	受取手形	880,000	売上 仮受消費税	800,000 80,000
(3)	仮受消費税	80,000	仮払消費税 未払消費税	50,000 30,000
(4)	未払消費税	30,000	現金	30,000

解　説

本章の学習のポイント4を参照すること。

応用問題12-1

	借方科目	金額	貸方科目	金額
(1)	仮受消費税	790,000	仮払消費税 未払消費税	510,000 280,000
(2)	法人税，住民税及び事業税	250,000	仮払法人税等 未払法人税等	90,000 160,000

解　説

(1)　決算整理前残高試算表の仮払消費税勘定（資産）と仮受消費税勘定（負債）を相殺し，確定した納付額を未払消費税勘定（負債）で処理する。本章の学習のポイント4(3)を参照すること。

(2)　決算日につき，法人税，住民税及び事業税が¥250,000と確定したが，決算整理前残高試算表に仮払法人税等勘定（資産）の残高が¥90,000あるので，すでに¥90,000を中間納付していることがわかる。そこで，確定申告によって納付しなければならない金額¥160,000（＝¥250,000－90,000）を未払法人税等勘定（負債）で処理する。本章の学習のポイント3(2)を参照すること。

第13章　伝　　票

基本問題13- 1

		入金伝票		出金伝票		振替伝票			
		勘定科目	金額	勘定科目	金額	借方科目	金額	貸方科目	金額
		①	②	③	④	⑤	⑥	⑦	⑧
(1)		－	－	－	－	買掛金	100,000	支払手形	100,000
(2)		売上	200,000	－	－	前受金	50,000	売上	50,000
(3)	ⓐ	－	－	備品	300,000	備品	150,000	未払金	150,000
	ⓑ	－	－	未払金	300,000	備品	450,000	未払金	450,000

解　説

3伝票制では，入金伝票，出金伝票，振替伝票を用いて取引を記録する。入金伝票には現金の受入れが，出金伝票には現金の支払いが，振替伝票には現金の受払い以外の取引が記録される。

一部振替取引においては，ⓐ取引を分解する方法（現金の受払いを伴う部分の取引は，入金伝票または出金伝票に記入し，それ以外の部分の取引を振替伝票へ記入する），ⓑ取引を擬制する方法（取引にかかわる全額をいったん振替取引として振替伝票に記入した後，現金の受払いにかかわる部分の取引を入金伝票または出金伝票に記入する）のいずれかで取引を処理する。

各伝票記入を仕訳として示すと次のようになる。

(1)	振替伝票	(借)	買掛金	100,000	(貸)	支払手形	100,000
(2)	入金伝票	(借)	現金	200,000	(貸)	売上	200,000
	振替伝票	(借)	前受金	50,000	(貸)	売上	50,000
(3)	ⓐ出金伝票	(借)	備品	300,000	(貸)	現金	300,000
	振替伝票	(借)	備品	150,000	(貸)	未払金	150,000
	ⓑ出金伝票	(借)	未払金	300,000	(貸)	現金	300,000
	振替伝票	(借)	備品	450,000	(貸)	未払金	450,000

基本問題13-2

ⓐ 取引を分解する方法

入 金 伝 票	
勘定科目	金　額
（ 売　　上 ）	70,000

（借方） 振 替 伝 票		振 替 伝 票 （貸方）	
借方科目	金　額	貸方科目	金　額
売 掛 金	（ 100,000 ）	売　　上	（ 100,000 ）

ⓑ 取引を擬制する方法

入 金 伝 票	
勘定科目	金　額
（ 売 掛 金 ）	70,000

（借方） 振 替 伝 票		振 替 伝 票 （貸方）	
借方科目	金　額	貸方科目	金　額
売 掛 金	（ 170,000 ）	売　　上	（ 170,000 ）

解　説

起票する方法は，基本問題13-1の解説を参照すること。

各伝票記入を仕訳として示すと次のようになる。

ⓐ 取引を分解する方法

入金伝票	（借）	現　　金	70,000	（貸）	売　　上	70,000
振替伝票	（借）	売 掛 金	100,000	（貸）	売　　上	100,000

ⓑ 取引を擬制する方法

入金伝票	（借）	現　　金	70,000	（貸）	売 掛 金	70,000
振替伝票	（借）	売 掛 金	170,000	（貸）	売　　上	170,000

応用問題13- 1

現　　金

借方		貸方	
8/ 1	30,000	8/ 2 消耗品費	5,000
〃 売掛金	60,000	3 仕　入	65,000
3 売　上	90,000		

売　掛　金

借方		貸方	
8/ 1	110,000	8/ 1 現　金	60,000

買　掛　金

借方		貸方	
		8/ 1	50,000
		〃 仕　入	40,000

売　　上

借方		貸方	
		8/ 1	120,000
		2 受取手形	80,000
		3 現　金	90,000

仕　　入

借方		貸方	
8/ 1	100,000		
〃 買掛金	40,000		
3 現　金	65,000		
4 当座預金	30,000		

解　説

個別転記は，起票された伝票の内容を総勘定元帳へ転記する場合に，伝票１枚ごとに転記する方法である。各伝票記入を仕訳として示すと次のようになる。

日付	伝票		借方科目	金額		貸方科目	金額
8/ 1	入金伝票	(借)	現　金	60,000	(貸)	売掛金	60,000
	振替伝票	(借)	仕　入	40,000	(貸)	買掛金	40,000
8/ 2	出金伝票	(借)	消耗品費	5,000	(貸)	現　金	5,000
	振替伝票	(借)	受取手形	80,000	(貸)	売　上	80,000
8/ 3	入金伝票	(借)	現　金	90,000	(貸)	売　上	90,000
	出金伝票	(借)	仕　入	65,000	(貸)	現　金	65,000
8/ 4	振替伝票	(借)	仕　入	30,000	(貸)	当座預金	30,000
	振替伝票	(借)	備　品	50,000	(貸)	未払金	50,000

第14章　収益と費用

基本問題14-1

	借方科目	金額	貸方科目	金額
X1年 7/1	保険料	120,000	現金	120,000
X2年 3/31	前払保険料	30,000	保険料	30,000
4/1	保険料	30,000	前払保険料	30,000

解説

X1年7月1日に支払った保険料¥120,000（12ヵ月分）のうち，当期（X1年7月1日～X2年3月31日）の費用として計上するのは9ヵ月分（¥120,000÷12ヵ月×9ヵ月＝¥90,000）である。つまり，当期には，保険料3ヵ月分（X2年4月1日～6月30日，¥120,000÷12ヵ月×3ヵ月＝¥30,000）を前払したことを意味する（費用の前払い）。

そこで，決算日（X2年3月31日）には，前払分¥30,000を当期の費用から控除し，次期に繰り越す（繰り延べる）。そのために，保険料勘定（費用）の貸方に¥30,000を記入し，前払保険料勘定（資産）の借方に¥30,000を記入する。

上述したような決算整理仕訳をした翌期首（X2年4月1日）には，それと反対の仕訳を行う。こうすることで，X2年4月1日から開始される会計期間の保険料（費用）として3ヵ月分¥30,000が計上されることとなる。

基本問題14-2

	借方科目	金額	貸方科目	金額
X1年 8/1	現金	150,000	受取家賃	150,000
X2年 3/31	受取家賃	50,000	前受家賃	50,000
4/1	前受家賃	50,000	受取家賃	50,000

解　説

X1年８月１日に受け取った家賃￥150,000（12ヵ月分）のうち，当期（X1年８月１日～X2年３月31日）の費用として計上するのは８ヵ月分（￥150,000÷12ヵ月×８ヵ月＝￥100,000）である。つまり，当期には，受取家賃４ヵ月分（X2年４月１日～７月31日，￥150,000÷12ヵ月×４ヵ月＝￥50,000）を前受けしたことを意味する（収益の前受け）。

そこで，決算日（X2年３月31日）には，前受分￥50,000を当期の収益から控除し，次期に繰り越す（繰り延べる）。そのために，受取家賃勘定（収益）の借方に￥50,000を記入し，前受家賃勘定（負債）の貸方に￥50,000を記入する。

上述したような決算整理仕訳をした翌期首（X2年４月１日）には，それと反対の仕訳を行う。こうすることで，X2年４月１日から開始される会計期間の受取家賃（収益）として４ヵ月分￥50,000が計上されることとなる。

基本問題14-３

	借　方　科　目	金　　額	貸　方　科　目	金　　額
X1年 11/ 1	現　　　金	300,000	借　入　金	300,000
X2年 3/31	支 払 利 息	5,000	未 払 利 息	5,000
4/ 1	未 払 利 息	5,000	支 払 利 息	5,000

解　説

X1年11月１日に銀行から￥300,000を借り入れたことによって，１年後のX2年10月31日に元本の返済とともに１年分の利息（￥300,000×４％＝￥12,000）を支払うこととなった。つまり，当期には，利息５ヵ月分（X1年11月１日～X2年３月31日，￥12,000÷12ヵ月×５ヵ月＝￥5,000）が未払いであることを意味する（費用の未払い）。

そこで，決算日（X2年３月31日）には，未払分￥5,000を当期の費用の発生として計上する（見越し計上する）。そのために，支払利息勘定（費用）の借方に￥5,000を記入し，未払利息勘定（負債）の貸方に￥5,000を記入する。

上述したような決算整理仕訳をした翌期首（X2年４月１日）には，それと反対の仕訳を行う。こうすることで，前期にすでに計上した￥5,000が控除され，X2年４月１日から開始される会計期間の支払利息（費用）として７ヵ月分（X2年４月１日～X2年10月31日，￥7,000）が計上されることとなる。

なお，X2年10月31日に借入金を返済し，元本と利息を現金で支払ったときには，次のような仕訳を行う。

10/31	（借）	借　入　金	300,000	（貸）	現　　　金	312,000
		支 払 利 息	12,000			

基本問題14- 4

	借方科目	金額	貸方科目	金額
X1年 9/ 1	貸付金	500,000	現金	500,000
X2年 3/31	未収利息	8,750	受取利息	8,750
4/ 1	受取利息	8,750	未収利息	8,750

解　説

X1年9月1日にA社に¥500,000を貸し付けたことによって，1年後のX2年8月31日に元本が返済されるとともに，1年分の利息（¥500,000×3％＝¥15,000）を受け取ることとなった。つまり，当期には受取利息7ヵ月（X1年9月1日～X2年3月31日，¥15,000÷12ヵ月×7ヵ月＝¥8,750）が未収であることを意味する（収益の未収）。

そこで，決算日（X2年3月31日）には，未収分¥8,750を当期の収益の発生として計上する（見越し計上する）。そのために，受取利息勘定（収益）の貸方に¥8,750を記入し，未収利息勘定（資産）の借方に¥8,750を記入する。

上述したような決算整理仕訳をした翌期首（X2年4月1日）には，それと反対の仕訳を行う。こうすることで，前期にすでに計上した¥8,750が控除され，X2年4月1日から開始される会計期間の受取利息（収益）として5ヵ月分（X2年4月1日～X2年8月31日，¥6,250）が計上されることとなる。

なお，X2年8月31日に貸付金が返済され，元本と利息を現金で受け取ったときには，次のような仕訳を行う。

8/31	（借）	現金	515,000	（貸）	貸付金	500,000
					受取利息	15,000

基本問題14- 5

	借方科目	金額	貸方科目	金額
(1)	未収利息	50,000	受取利息	50,000
(2)	前払家賃	80,000	支払家賃	80,000
(3)	支払利息	30,000	未払利息	30,000
(4)	受取地代	60,000	前受地代	60,000

解　説

(1)　収益の未収があったときは，その分だけ収益（本問では受取利息）の発生として計上する。
(2)　費用の前払いがあったときは，その分だけ費用（本問では支払家賃）の取消として計上する。
(3)　費用の未払いがあったときは，その分だけ費用（本問では支払利息）の発生として計上する。
(4)　収益の前受けがあったときは，その分だけ収益（本問では受取地代）の取消として計上する。

基本問題14-6

	借方科目	金額	貸方科目	金額
X1年 10/15	消耗品費 通信費 租税公課	30,000 10,000 20,000	現金	60,000
X2年 3/31	貯蔵品	15,000	通信費 租税公課	6,000 9,000

解　説

消耗品を購入したときには消耗品費勘定（費用）で処理する。なお，消耗品として処理するものは，購入金額が比較的小さく，短期間のうちに使用される物品（事務用品など）である。また，消耗品として処理したならば，決算時に未使用分があったとしても，これを資産としては計上しない。なぜならば，消耗品の換金性は低いからである。

郵便切手を購入したときには通信費勘定（費用），収入印紙を購入したときには租税公課勘定（費用）で処理する。これらは，決算時に未使用分があれば，貯蔵品勘定（資産）を用いて資産として計上する。

なお，X2年4月1日には，次のような再振替仕訳を行う。

4/ 1	（借）通　信　費	6,000	（貸）貯　蔵　品	15,000
	租　税　公　課	9,000		

応用問題14-1

	借方科目	金額	貸方科目	金額
(1)	貯蔵品	8,000	通信費	8,000
(2)	前払保険料	15,000	保険料	15,000
(3)	受取利息	7,000	前受利息	7,000

解　説

⑴　郵便切手は，購入時に通信費勘定（費用）で処理されている。その未使用分が¥8,000あったので，その分だけ貯蔵品勘定（資産）に振り替える。

⑵　保険料は当期に1年分¥180,000を支払ったが，当期に費用として計上するのは11ヵ月分（X1年5月1日～X2年3月31日）である。そこで，1ヵ月分（X2年4月1日～30日，¥180,000÷12ヵ月＝¥15,000）を当期の費用から控除し，次期に繰り越す（繰り延べる）。そのために，保険料勘定（費用）の貸方に¥15,000を記入し，前払保険料勘定（資産）の借方に¥15,000を記入する。

⑶　利息の前受分¥7,000は，当期の収益から控除するために，受取利息勘定（収益）の借方に記入する。また，次期に繰り越す（繰り延べる）ために，前受利息勘定（負債）の貸方に記入する。

第15章　決　算 (2)

基本問題15-1

合計残高試算表
X2年3月31日

借方残高	借方合計	勘定科目	貸方合計	貸方残高
46,400	92,000	現金	45,600	
56,000	90,000	当座預金	34,000	
35,000	70,000	売掛金	35,000	
20,000	20,000	備品		
	26,000	買掛金	55,000	29,000
	20,000	借入金	50,000	30,000
		資本金	100,000	100,000
		繰越利益剰余金	10,000	10,000
	5,000	売上	52,000	47,000
32,200	35,200	仕入	3,000	
24,000	24,000	給料		
2,400	2,400	支払利息		
216,000	384,600		384,600	216,000

解　説

本問では，X1年4月1日～X2年3月25日の取引は，すでに(A)合計試算表に集計されている。よって，まずは，残りの(B)X2年3月26日～31日の諸取引を仕訳する。これを示せば，次のとおりとなる。

	借方科目	金額	貸方科目	金額
3/26	仕入	7,200	買掛金 現金	7,000 200
27	現金	12,000	売上	12,000
28	借入金 支払利息	20,000 400	現金	20,400
29	当座預金	10,000	売掛金	10,000
30	買掛金	8,000	当座預金	8,000
31	給料	2,000	当座預金	2,000

次に，（A）の合計残高試算表を基にして，（B）の取引の仕訳を考慮して，X2年３月31日現在の合計残高試算表を作成する。例えば，現金勘定と売上勘定については，次のようになる。

現　金

（A）	80,000	（A）	25,000
3/27	12,000	3/26	200
		28	20,400

売　上

（A）	5,000	（A）	40,000
		3/27	12,000

つまり，現金勘定の借方合計は¥80,000（A）＋¥12,000（3/27）＝¥92,000，貸方合計は¥25,000（A）＋¥200（3/26）＋¥20,400（3/28）＝¥45,600となる。よって，残高は¥92,000（借方合計）－¥45,600（貸方合計）＝¥46,400（借方残高）となる。また，売上勘定の借方合計は¥5,000（A），貸方合計は¥40,000（A）＋¥12,000（3/27）＝¥52,000となる。よって，残高は¥52,000（貸方合計）－¥5,000（借方合計）＝¥47,000（貸方残高）となる。他の勘定についても，これらと同じように考えて計算する。

基本問題15-２

(1)	借方科目	金額	貸方科目	金額
①	仕入 繰越商品	2,000 3,000	繰越商品 仕入	2,000 3,000
②	貸倒引当金繰入	100	貸倒引当金	100
③	減価償却費	1,800	備品減価償却累計額	1,800
④	前払家賃	1,200	支払家賃	1,200
⑤	貯蔵品	600	租税公課	600

(2)	借方科目	金額	貸方科目	金額
①	売上	26,700	損益	26,700
②	損益	17,900	仕入 貸倒引当金繰入 減価償却費 支払家賃 租税公課	11,000 100 1,800 3,600 1,400
③	損益	8,800	繰越利益剰余金	8,800

(3)

現　　金

日付	摘要	金額	日付	摘要	金額
4/ 1	前期繰越	32,900	期中	期中合計	20,800
期中	期中合計	21,700	**3/31**	**次期繰越**	**33,800**
		54,600			54,600
4/ 1	前期繰越	33,800			

売　掛　金

日付	摘要	金額	日付	摘要	金額
4/ 1	前期繰越	15,000	期中	期中合計	21,700
期中	期中合計	26,700	**3/31**	**次期繰越**	**20,000**
		41,700			41,700
4/ 1	前期繰越	20,000			

繰越商品

日付	摘要	金額	日付	摘要	金額
4/ 1	前期繰越	2,000	3/31	仕　入	2,000
3/31	仕　入	3,000	〃	**次期繰越**	**3,000**
		5,000			5,000
4/ 1	前期繰越	3,000			

前払家賃

日付	摘要	金額	日付	摘要	金額
3/31	支払家賃	1,200	**3/31**	**次期繰越**	**1,200**
4/ 1	前期繰越	1,200			

貯　蔵　品

日付	摘要	金額	日付	摘要	金額
3/31	租税公課	600	**3/31**	**次期繰越**	**600**
4/ 1	前期繰越	600			

備　　品

日付	摘要	金額	日付	摘要	金額
4/ 1	前期繰越	8,000	**3/31**	**次期繰越**	**8,000**
4/ 1	前期繰越	8,000			

買　掛　金

日付	摘要	金額	日付	摘要	金額
期中	期中合計	14,000	4/ 1	前期繰越	7,000
3/31	**次期繰越**	**5,000**	期中	期中合計	12,000
		19,000			19,000
			4/ 1	前期繰越	5,000

貸倒引当金

日付	摘要	金額	日付	摘要	金額
3/31	**次期繰越**	**400**	4/ 1	前期繰越	300
			3/31	貸倒引当金繰入	100
		400			400
			4/ 1	前期繰越	400

備品減価償却累計額

日付	摘要	金額	日付	摘要	金額
3/31	**次期繰越**	**5,400**	4/ 1	前期繰越	3,600
			3/31	減価償却費	1,800
		5,400			5,400
			4/ 1	前期繰越	5,400

資　本　金

日付	摘要	金額	日付	摘要	金額
3/31	**次期繰越**	**40,000**	4/ 1	前期繰越	40,000
			4/ 1	前期繰越	40,000

繰越利益剰余金

3/31	**次期繰越**	**15,800**	4/ 1	前期繰越	7,000
			3/31	損　益	8,800
		15,800			15,800
			4/ 1	前期繰越	15,800

売　　　上

3/31	損　益	26,700	期中	期中合計	26,700

仕　　　入

期中	期中合計	12,000	3/31	繰越商品	3,000
3/31	繰越商品	2,000	〃	損　益	11,000
		14,000			14,000

貸倒引当金繰入

3/31	貸倒引当金	100	3/31	損　益	100

減価償却費

3/31	備品減価償却累計額	1,800	3/31	損　益	1,800

支払家賃

期中	期中合計	4,800	3/31	前払家賃	1,200
			〃	損　益	3,600
		4,800			4,800

租税公課

期中	期中合計	2,000	3/31	貯蔵品	600
			〃	損　益	1,400
		2,000			2,000

損　　　益

3/31	仕　入	11,000	3/31	売　上	26,700
〃	貸倒引当金繰入	100			
〃	減価償却費	1,800			
〃	支払家賃	3,600			
〃	租税公課	1,400			
〃	繰越利益剰余金	8,800			
		26,700			26,700

繰越試算表

X2年3月31日

借方	勘定科目	貸方
33,800	現金	
20,000	売掛金	
3,000	繰越商品	
1,200	前払家賃	
600	貯蔵品	
8,000	備品	
	買掛金	5,000
	貸倒引当金	400
	備品減価償却累計額	5,400
	資本金	40,000
	繰越利益剰余金	15,800
66,600		66,600

(4)

損益計算書

○社　　自 X1年4月1日　至 X2年3月31日　　（単位：円）

費用	金額	収益	金額
売上原価	11,000	売上高	26,700
貸倒引当金繰入	100		
減価償却費	1,800		
支払家賃	3,600		
租税公課	1,400		
当期純利益	**8,800**		
	26,700		26,700

貸借対照表

○社　X2年3月31日　(単位：円)

資産	金額		負債および純資産	金額
現金		33,800	買掛金	5,000
売掛金	20,000		資本金	40,000
貸倒引当金	400	19,600	繰越利益剰余金	15,800
商品		3,000		
前払費用		1,200		
貯蔵品		600		
備品	8,000			
減価償却累計額	5,400	2,600		
		60,800		60,800

解 説

(1) 決算整理仕訳については，本章の学習のポイント2を参照すること

(2) 決算振替仕訳については，第4章の学習のポイント2(2)を参照すること。

(3) 各勘定口座への転記（記入）については，基本問題4-3の解説を参照すること。

(4) 損益計算書と貸借対照表の作成については，本章の学習のポイント3を参照すること。

基本問題15-3

損益計算書

○社　自 X1年4月1日　至 X2年3月31日　(単位：円)

費用	金額	収益	金額
売上原価	93,000	売上高	200,000
給料	17,000	受取家賃	2,400
貸倒引当金繰入	1,500	受取利息	1,500
減価償却費	22,600		
保険料	4,000		
支払利息	2,220		
当期純利益	**63,580**		
	203,900		203,900

貸借対照表

○社	X2年3月31日			(単位：円)
資　　産	金　　額		負債および純資産	金　　額
現　　金		162,900	買　掛　金	48,520
当座預金		50,000	借　入　金	30,000
普通預金		20,000	前受収益	1,200
受取手形	40,000		未払費用	1,500
貸倒引当金	2,000	38,000	資　本　金	300,000
売　掛　金	50,000		繰越利益剰余金	85,580
貸倒引当金	2,500	47,500		
貸　付　金		20,000		
商　　品		15,000		
前払費用		800		
未収収益		1,000		
備　　品	40,000			
減価償却累計額	18,000	22,000		
建　　物	140,000			
減価償却累計額	50,400	89,600		
		466,800		466,800

解　説

決算整理仕訳を示せば，次のとおりとなる（本章の学習のポイント2を参照すること）。また，損益計算書と貸借対照表の作成については，本章の学習のポイント3を参照すること。

(1)　売上原価を仕入勘定で計算するためには，期首商品棚卸高￥18,000（決算整理前残高試算表の繰越商品勘定の残高）を仕入勘定に振り替える。また，期末商品棚卸高￥15,000を仕入勘定から控除し，これを次期繰越額として繰越商品勘定に記入する。

(借)	仕　　　入	18,000	(貸)	繰越商品	18,000
(借)	繰越商品	15,000	(貸)	仕　　　入	15,000

(2)　当期末の貸借対照表に貸倒引当金として設定する金額は，「(受取手形￥40,000＋売掛金￥50,000)×5％＝￥4,500」である。しかし，すでに￥3,000（決算整理前残高試算表の貸倒引当金勘定の残高）が設定されているので，その差額￥1,500を繰り入れる（当期の費用として計上する）。

(借)	貸倒引当金繰入	1,500	(貸)	貸倒引当金	1,500

(3)　備品の減価償却費は，「(取得原価￥40,000－残存価額￥0）÷耐用年数4年＝￥10,000」と計算する。また，建物の減価償却費は，「(取得原価￥140,000－残存価額￥14,000）÷耐用年数10年＝￥12,600」と計算する。

（借）減価償却費　22,600　（貸）備品減価償却累計額　10,000
建物減価償却累計額　12,600

⑷　保険料の前払分￥800を前払保険料勘定（資産）として計上し，これを保険料勘定（費用）から控除する。

（借）前払保険料　800　（貸）保険料　800

⑸　受取家賃の前受分￥1,200を前受家賃勘定（負債）として計上し，これを受取家賃勘定（収益）から控除する。

（借）受取家賃　1,200　（貸）前受家賃　1,200

⑹　利息の未払分￥1,500を未払利息勘定（負債）として計上し，これを当期の支払利息（費用）として計上する。

（借）支払利息　1,500　（貸）未払利息　1,500

⑺　利息の未収分￥1,000を未収利息勘定（資産）として計上し，これを当期の受取利息（収益）として計上する。

（借）未収利息　1,000　（貸）受取利息　1,000

応用問題15-1

損益計算書

○社　×1年4月1日から×2年3月31日まで　（単位：円）

費用	金額	収益	金額
売上原価	180,000	売上高	310,000
給料	50,000	受取手数料	10,500
貸倒引当金繰入	1,400	雑益	300
減価償却費	18,000		
通信費	7,000		
保険料	2,500		
当期純利益	**61,900**		
	320,800		320,800

貸借対照表

○社　×2年3月31日　(単位：円)

資産	金額		負債および純資産	金額
現金		270,300	支払手形	30,000
当座預金		200,000	買掛金	30,000
受取手形	50,000		借入金	250,000
貸倒引当金	1,000	49,000	前受収益	2,100
売掛金	40,000		資本金	300,000
貸倒引当金	800	39,200	繰越利益剰余金	66,900
商品		50,000		
貯蔵品		3,000		
前払費用		3,500		
備品	100,000			
減価償却累計額	36,000	64,000		
		679,000		679,000

解説

決算整理事項について仕訳を示すと，次のとおりとなる。

	借方科目	金額	貸方科目	金額
1	現金	300	雑益	300
2	貸倒引当金繰入	1,400	貸倒引当金	1,400
3	仕入 繰越商品	30,000 50,000	繰越商品 仕入	30,000 50,000
4	減価償却費	18,000	減価償却累計額	18,000
5	貯蔵品	3,000	通信費	3,000
6	受取手数料	2,100	前受手数料	2,100
7	前払保険料	3,500	保険料	3,500

1．現金の帳簿残高は¥270,000であるから，実際有高との差額¥300を雑益勘定（収益）で処理する。

2．貸倒引当金の繰入額は，受取手形および売掛金の期末残高の2％から貸倒引当金の期末残高¥400を控除した¥1,400（＝¥90,000×2％－¥400）である。

3．売上原価は仕入勘定を用いて算定すれば，期首商品棚卸高¥30,000（決算整理前残高試算表の繰越商品勘定残高）を仕入勘定へ振り替え，期末商品棚卸高¥50,000を仕入勘定から控除し，これを次期繰越額として繰越商品勘定へ記入する。

4．備品の減価償却費は，備品の取得原価¥100,000から残存価額¥10,000（＝¥100,000×10％）を差し引いた¥90,000を耐用年数5年で除した金額¥18,000となる。

5．郵便切手の未使用分¥3,000を通信費勘定（費用）から貯蔵品勘定（資産）へ振り替える。

6．受取手数料¥12,600のうち前受分¥2,100を次期に繰り延べるため，前受手数料勘定（負債の勘定）へ振り替える。

7．保険料¥6,000のうち当期の費用とすべき期間は×1年11月1日から×2年3月31日までの5ヵ月¥2,500であるから，7ヵ月分（＝12ヵ月－5ヵ月）¥3,500を次期に繰り越すため，前払保険料勘定（資産）へ振り替える。

なお，損益計算書においては，仕入勘定は「売上原価」，売上勘定は「売上高」という科目で表示する。また，当期純利益は赤字で記入する。

また，貸借対照表においては，貸倒引当金を対象となる資産である「受取手形」と「売掛金」とに分け，それぞれから控除するように表示する。また，減価償却累計額を対象となる資産である「備品」から控除するように表示する。さらに，前払保険料勘定の残高は「前払費用」，前受手数料勘定の残高は「前受収益」という科目で表示する。

第16章 精 算 表

基本問題16- 1

精 算 表

X3年 3 月31日

勘定科目	残高試算表		整 理 記 入		損益計算書		貸借対照表	
	借 方	貸 方	借 方	貸 方	借 方	貸 方	借 方	貸 方
現 金	180,000						180,000	
当 座 預 金	40,000						40,000	
普 通 預 金	10,000						10,000	
受 取 手 形	30,000						30,000	
売 掛 金	40,000						40,000	
貸 付 金	12,000						12,000	
繰 越 商 品	23,000		31,000	23,000			31,000	
備 品	16,000						16,000	
建 物	140,000						140,000	
買 掛 金		48,520						48,520
借 入 金		16,000						16,000
貸 倒 引 当 金		1,500		1,300				2,800
備品減価償却累計額		8,000		4,000				12,000
建物減価償却累計額		37,800		12,600				50,400
資 本 金		300,000						300,000
繰越利益剰余金		48,000						48,000
売 上		123,000				123,000		
受 取 家 賃		3,000	600			2,400		
受 取 利 息		500		100		600		
仕 入	74,000		23,000	31,000	66,000			
給 料	17,000				17,000			
保 険 料	3,600			900	2,700			
支 払 利 息	720		240		960			
	586,320	586,320						
貸倒引当金（繰入）			1,300		1,300			
減 価 償 却 費			16,600		16,600			
前 払 保 険 料			900				900	
前 受 家 賃				600				600
未 払 利 息				240				240
未 収 利 息			100				100	
当 期 純（利 益）					**21,440**			21,440
			73,740	73,740	126,000	126,000	500,000	500,000

解　説

精算表を作成するためには，まず決算整理事項に基づいて仕訳（決算整理仕訳，第15章の学習のポイント２を参照）を行い，その結果を「整理記入」欄に記入した上で，「損益計算書」欄と「貸借対照表」欄に記入する（本章の学習のポイント３を参照）。

(1)　売上原価を「仕入」の行（仕入勘定）で計算するためには，期首商品棚卸高￥23,000（決算整理前残高試算表の繰越商品勘定の残高）を仕入勘定に振り替える。また，期末商品棚卸高￥31,000を仕入勘定から控除し，これを次期繰越額として繰越商品勘定に記入する。

（借）仕　　　　入　23,000　（貸）繰 越 商 品　23,000
（借）繰 越 商 品　31,000　（貸）仕　　　　入　31,000

(2)　当期末の貸借対照表に貸倒引当金として設定する金額は，「（受取手形￥30,000＋売掛金￥40,000）×４％＝￥2,800」である。しかし，すでに￥1,500（決算整理前残高試算表の貸倒引当金勘定の残高）が設定されているので，その差額￥1,300を繰り入れる（当期の費用として計上する）。

（借）貸倒引当金繰入　1,300　（貸）貸 倒 引 当 金　1,300

(3)　備品の減価償却費は，「（取得原価￥16,000－残存価額￥０）÷耐用年数４年＝￥4,000」と計算する。また，建物の減価償却費は，「（取得原価￥140,000－残存価額￥14,000）÷耐用年数10年＝￥12,600」と計算する。

（借）減 価 償 却 費　16,600　（貸）備品減価償却累計額　4,000
　　　　　　　　　　　　　　　　　建物減価償却累計額　12,600

(4)　保険料の前払分￥900を前払保険料勘定（資産）として計上し，これを保険料勘定（費用）から控除する。

（借）前 払 保 険 料　900　（貸）保　険　料　900

(5)　受取家賃の前受分￥600を前受家賃勘定（負債）として計上し，これを受取家賃勘定（収益）から控除する。

（借）受 取 家 賃　600　（貸）前 受 家 賃　600

(6)　利息の未払分￥240を未払利息勘定（負債）として計上し，これを当期の支払利息（費用）として計上する。

（借）支 払 利 息　240　（貸）未 払 利 息　240

(7)　利息の未収分￥100を未収利息勘定（資産）として計上し，これを当期の受取利息（収益）として計上する。

（借）未 収 利 息　100　（貸）受 取 利 息　100

基本問題16-2

精　算　表

X5年3月31日

勘定科目	残高試算表		整理記入		損益計算書		貸借対照表	
	借　方	貸　方	借　方	貸　方	借　方	貸　方	借　方	貸　方
現　　金	50,000						50,000	
当座預金	60,000						60,000	
普通預金	30,000						30,000	
受取手形	50,000						50,000	
売　掛　金	70,000						70,000	
貸　付　金	40,000						40,000	
繰越商品	29,000		34,000	29,000			34,000	
備　　品	50,000						50,000	
建　　物	190,000						190,000	
買　掛　金		90,000						90,000
借　入　金		80,000						80,000
貸倒引当金		5,000	1,400					3,600
備品減価償却累計額		30,000		10,000				40,000
建物減価償却累計額		45,600		11,400				57,000
資　本　金		300,000						300,000
繰越利益剰余金		89,000						89,000
売　　上		133,600				133,600		
受取家賃		42,000	10,500			31,500		
受取利息		1,800		600		2,400		
仕　　入	186,800			186,800				
給　　料	28,000				28,000			
保　険　料	30,000			5,000	25,000			
支払利息	3,200		1,600		4,800			
	817,000	817,000						
売上原価			29,000	34,000	181,800			
			186,800					
貸倒引当金（戻入）				1,400		1,400		
減価償却費			21,400		21,400			
前払保険料			5,000				5,000	
前受家賃				10,500				10,500
未払利息				1,600				1,600
未収利息			600				600	
当期純（損失）						**92,100**	92,100	
			290,300	290,300	261,000	261,000	671,700	671,700

解 説

精算表を作成するためには，まず決算整理事項に基づいて仕訳（決算整理仕訳，第15章の学習のポイント２を参照）を行い，その結果を「整理記入」欄に記入した上で，「損益計算書」欄と「貸借対照表」欄に記入する（本章の学習のポイント３を参照）。

⑴ 売上原価を「売上原価」の行（売上原価勘定）で計算するためには，期首商品棚卸高￥29,000（決算整理前残高試算表の繰越商品勘定の残高）を売上原価勘定に振り替え，当期商品仕入高￥186,800（決算整理前残高試算表の仕入勘定の残高）を売上原価勘定に振り替える。また，期末商品棚卸高￥34,000を売上原価勘定から控除し，これを次期繰越額として繰越商品勘定に記入する。

（借）売 上 原 価 29,000 （貸）繰 越 商 品 29,000
（借）売 上 原 価 186,800 （貸）仕 入 186,800
（借）繰 越 商 品 34,000 （貸）売 上 原 価 34,000

⑵ 当期末の貸借対照表に貸倒引当金として設定する金額は，「（受取手形￥50,000＋売掛金￥70,000）×３％＝￥3,600」である。しかし，すでに￥5,000（決算整理前残高試算表の貸倒引当金勘定の残高）が設定されているので，その差額￥1,400を戻し入れる（当期の収益として計上する）。

（借）貸 倒 引 当 金 1,400 （貸）貸 倒 引 当 金 戻 入 1,400

⑶ 備品の減価償却費は，「（取得原価￥50,000－残存価額￥０）÷耐用年数５年＝￥10,000」と計算する。また，建物の減価償却費は，「（取得原価￥190,000－残存価額￥19,000）÷耐用年数15年＝￥11,400」と計算する。

（借）減 価 償 却 費 21,400 （貸）備品減価償却累計額 10,000
建物減価償却累計額 11,400

⑷ 保険料の前払分￥5,000を前払保険料勘定（資産）として計上し，これを保険料勘定（費用）から控除する。

（借）前 払 保 険 料 5,000 （貸）保 険 料 5,000

⑸ 受取家賃の前受分￥10,500を前受家賃勘定（負債）として計上し，これを受取家賃勘定（収益）から控除する。

（借）受 取 家 賃 10,500 （貸）前 受 家 賃 10,500

⑹ 利息の未払分￥1,600を未払利息勘定（負債）として計上し，これを当期の支払利息（費用）として計上する。

（借）支 払 利 息 1,600 （貸）未 払 利 息 1,600

⑺ 利息の未収分￥600を未収利息勘定（資産）として計上し，これを当期の受取利息（収益）として計上する。

（借）未 収 利 息 600 （貸）受 取 利 息 600

基本問題16- 3

精　算　表

X8年３月31日

勘定科目	残高試算表		整 理 記 入		損益計算書		貸借対照表	
	借　方	貸　方	借　方	貸　方	借　方	貸　方	借　方	貸　方
現　　　　金	130,000						130,000	
現 金 過 不 足	9,000			9,000				
当 座 預 金		22,000	22,000					
普 通 預 金	50,000						50,000	
受 取 手 形	80,000						80,000	
売　掛　金	90,000						90,000	
貸　付　金	80,000						80,000	
繰 越 商 品	45,000		38,000	45,000			38,000	
備　　　　品	60,000						60,000	
建　　　　物	200,000						200,000	
買　掛　金		80,000						80,000
借　入　金		50,000						50,000
貸 倒 引 当 金		4,000		1,100				5,100
備品減価償却累計額		18,000		18,000				36,000
建物減価償却累計額		140,000		20,000				160,000
資　本　金		300,000						300,000
繰越利益剰余金		71,000						71,000
売　　　　上		260,000				260,000		
受 取 利 息		1,600				1,600		
仕　　　　入	100,600		45,000	38,000	107,600			
給　　　　料	50,000				50,000			
保　険　料	12,000				12,000			
消 耗 品 費	4,000		5,000		9,000			
通　信　費	13,000			4,000	9,000			
租 税 公 課	22,000			5,000	17,000			
支 払 利 息	1,000				1,000			
	946,600	946,600						
雑　　　（損）			4,000		4,000			
（当 座 借 越）				22,000				22,000
貸倒引当金（繰入）			1,100		1,100			
減 価 償 却 費			38,000		38,000			
貯　蔵　品			9,000				9,000	
当 期 純（利 益）					**12,900**			12,900
			162,100	162,100	261,600	261,600	737,000	737,000

解　説

精算表を作成するためには，まず決算整理事項に基づいて仕訳（決算整理仕訳，第15章の学習のポイント2を参照）を行い，その結果を「整理記入」欄に記入した上で，「損益計算書」欄と「貸借対照表」欄に記入する（本章の学習のポイント3を参照）。

⑴　決算整理前残高試算表の現金過不足勘定の残高￥9,000のうち，￥5,000は消耗品を購入したときの記帳漏れであったので，消耗品費勘定（費用）に振り替える。残額￥4,000は原因不明であったので，雑損勘定（費用）に振り替える。

（借）	消耗品費	5,000	（貸）	現金過不足	9,000
	雑損	4,000			

⑵　当座預金勘定の貸方残高￥22,000は，当座借越勘定（負債）に振り替える。

（借）	当座預金	22,000	（貸）	当座借越	22,000

⑶　売上原価を「仕入」の行（仕入勘定）で計算するためには，期首商品棚卸高￥45,000（決算整理前残高試算表の繰越商品勘定の残高）を仕入勘定に振り替える。また，期末商品棚卸高￥38,000を仕入勘定から控除し，これを次期繰越額として繰越商品勘定に記入する。

（借）	仕入	45,000	（貸）	繰越商品	45,000
（借）	繰越商品	38,000	（貸）	仕入	38,000

⑷　当期末の貸借対照表に貸倒引当金として設定する金額は，「（受取手形￥80,000＋売掛金￥90,000）×3％＝￥5,100」である。しかし，すでに￥4,000（決算整理前残高試算表の貸倒引当金勘定の残高）が設定されているので，その差額￥1,100を繰り入れる（当期の費用として計上する）。

（借）	貸倒引当金繰入	1,100	（貸）	貸倒引当金	1,100

⑸　備品の減価償却費は，「（取得原価￥60,000－残存価額￥6,000）÷耐用年数3年＝18,000」と計算する。また，建物の減価償却費は，「（取得原価￥200,000－残存価額￥0）÷耐用年数10年＝￥20,000」と計算する。

（借）	減価償却費	38,000	（貸）	備品減価償却累計額	18,000
				建物減価償却累計額	20,000

⑹　郵便切手の未使用分￥4,000と収入印紙の未使用分￥5,000を貯蔵品勘定（資産）に振り替える。なお，購入時には，郵便切手は通信費勘定（費用），収入印紙は租税公課勘定（費用）で処理している。

（借）	貯蔵品	9,000	（貸）	通信費	4,000
				租税公課	5,000

応用問題16- 1

精 算 表

X8年 3 月31日

勘定科目	残高試算表		整理記入		損益計算書		貸借対照表	
	借 方	貸 方	借 方	貸 方	借 方	貸 方	借 方	貸 方
現 金	144,000			2,000			142,000	
当 座 預 金	50,000			3,000			47,000	
普 通 預 金	100,000						100,000	
受 取 手 形	40,000						40,000	
売 掛 金	90,000			30,000			60,000	
繰 越 商 品	31,000		29,000	31,000			29,000	
仮 払 金	20,000			20,000				
仮 払 消 費 税	10,000			10,000				
備 品	20,000						20,000	
建 物	200,000						200,000	
買 掛 金		50,000						50,000
借 入 金		100,000						100,000
仮 受 金		30,000	30,000					
仮 受 消 費 税		30,000	30,000					
貸 倒 引 当 金		3,000		1,000				4,000
備品減価償却累計額		10,000		5,000				15,000
建物減価償却累計額		72,000		18,000				90,000
資 本 金		300,000						300,000
繰越利益剰余金		30,000						30,000
売 上		300,000				300,000		
受 取 利 息		2,000				2,000		
仕 入	100,000			100,000				
給 料	70,000				70,000			
旅 費 交 通 費	22,000		23,000		45,000			
保 険 料	30,000			5,000	25,000			
	927,000	927,000						
雑 (損)			2,000		2,000			
売 上 原 価			31,000	29,000	102,000			
			100,000					
貸倒引当金 (繰入)			1,000		1,000			
減 価 償 却 費			23,000		23,000			
(前 払) 保 険 料			5,000				5,000	
支 払 利 息			2,000		2,000			
(未 払) 利 息				2,000				2,000
未 払 消 費 税				20,000				20,000
法人税, 住民税および事業税			9,600		9,600			
未 払 法 人 税 等				9,600				9,600
当 期 純 (利 益)					**22,400**			22,400
			285,600	285,600	302,000	302,000	643,000	643,000

解 説

精算表を作成するためには，まず決算整理事項に基づいて仕訳（決算整理仕訳，第15章の学習のポイント2を参照）を行い，その結果を「整理記入」欄に記入した上で，「損益計算書」欄と「貸借対照表」欄に記入する（本章の学習のポイント3を参照）。

(1) 決算時には，このように仮払金の整理を行うことがある。第8章の学習のポイント5(1)を参照すること。

（借）	旅費交通費	23,000	（貸）仮払金	20,000
			当座預金	3,000

(2) 決算時には，このように仮受金の整理を行うことがある。第8章の学習のポイント5(2)を参照すること。

（借）	仮受金	30,000	（貸）売掛金	30,000

(3) 決算時に現金過不足であることが確認されたので，現金過不足勘定は使用せず，雑損勘定（費用）または雑益勘定（収益）で処理する。帳簿残高を実際有高に合わせるために，現金勘定の貸方に¥2,000を記入し，雑損勘定（費用）の借方に¥2,000を記入する。

（借）	雑損	2,000	（貸）現金	2,000

(4) 売上原価を「売上原価」の行（売上原価勘定）で計算するためには，期首商品棚卸高¥31,000（決算整理前残高試算表の繰越商品勘定の残高）を売上原価勘定に振り替え，当期商品仕入高¥100,000（決算整理前残高試算表の仕入勘定の残高）を売上原価勘定に振り替える。また，期末商品棚卸高¥29,000を売上原価勘定から控除し，これを次期繰越額として繰越商品勘定に記入する。

（借）	売上原価	31,000	（貸）繰越商品	31,000
（借）	売上原価	100,000	（貸）仕入	100,000
（借）	繰越商品	29,000	（貸）売上原価	29,000

(5) 当期末の貸借対照表に貸倒引当金として設定する金額は，「（受取手形¥40,000＋売掛金¥60,000）×4％＝¥4,000」である。しかし，すでに¥3,000（決算整理前残高試算表の貸倒引当金勘定の残高）が設定されているので，その差額¥1,000を繰り入れる（当期の費用として計上する）。なお，売掛金の期末残高は，決算整理前残高試算表の売掛金勘定の残高は¥90,000から，上記(2)で¥30,000を差し引いたので，¥60,000となる。

（借）	貸倒引当金繰入	1,000	（貸）貸倒引当金	1,000

(6) 備品の減価償却費は，「（取得原価¥20,000－残存価額¥0）÷耐用年数4年＝5,000」と計算する。また，建物の減価償却費は，「（取得原価¥200,000－残存価額¥20,000）÷耐用年数10年＝¥18,000」と計算する。

（借）	減価償却費	23,000	（貸）備品減価償却累計額	5,000
			建物減価償却累計額	18,000

(7) 保険料¥30,000は，12ヵ月分（X7年6月1日～X8年5月31日）として支払ったものである。このうちまだサービスの提供を受けていない2ヵ月分（X8年4月1日～5月31日）の費用を控除して，次期の費用に加えるために，前払保険料勘定（前払費用の勘定，資産）として繰り越す。その金額は，¥30,000÷12ヵ月×2ヵ月＝¥5,000と計算する。

（借）	前払保険料	5,000	（貸）保険料	5,000

解答・解説

⑻ 借入金¥100,000は，X7年8月1日にX銀行から借り入れ，X8年7月31日に元本とともに利息12ヵ月分（X7年8月1日～X8年7月31日）を支払うものである。なお，利息12ヵ月分とは，元本¥100,000×年利率3％＝¥3,000である。このうちすでにサービスの提供を受けた期間8ヵ月（X7年8月1日～X8年3月31日）を当期の費用に加えて計上し，同額を未払利息（未払費用の勘定，負債）として計上する。その金額は，¥3,000÷12ヵ月×8ヵ月＝¥2,000と計算する。

（借）	支払利息	2,000	（貸）	未払利息	2,000

⑼ 消費税の納付額を計算し，確定するためには，仮払消費税勘定（資産）と仮受消費税勘定（負債）を相殺し，差額を未払消費税勘定（負債）として処理する。

（借）	仮受消費税	30,000	（貸）	仮払消費税	10,000
				未払消費税	20,000

⑽ 法人税，住民税及び事業税¥9,600を計上するためには，法人税，住民税及び事業税勘定（費用）の借方に¥9,600を記入し，未払法人税等勘定（負債）の貸方に¥9,600を記入する。なお，決算整理事項等に「税引前当期純利益に対して30％の法人税，住民税及び事業税を計上する。」と記述されていた場合でも，これと同様に仕訳し，精算表に記入することになる。この場合には，法人税，住民税及び事業税のことを考慮せずに（精算表の「法人税，住民税及び事業税」と「未払法人税等」の行を空欄のままとして）「収益¥302,000－費用¥270,000＝税引前当期純利益¥32,000」を計算し，「税引前当期純利益¥32,000×30％＝法人税，住民税及び事業税として計上する金額¥9,600」と計算する。

（借）	法人税，住民税及び事業税	9,600	（貸）	未払法人税等	9,600

第17章　総合問題

基本問題17- 1

	借方科目	金額	貸方科目	金額
(1)	仕入 仮払消費税	300,000 30,000	買掛金	330,000
(2)	現金	550,000	売上 仮受消費税	500,000 50,000
(3)	仕入	203,000	前払金 支払手形 現金	20,000 180,000 3,000
(4)	クレジット売掛金 支払手数料	96,000 4,000	売上	100,000
(5)	旅費交通費 消耗品費 小口現金	8,000 5,000 13,000	小口現金 当座預金	13,000 13,000
(6)	当座預金	300,000	受取手形	300,000
(7)	借入金 支払利息	400,000 8,000	普通預金	408,000
(8)	現金過不足	80,000	現金	80,000
(9)	給料	1,000,000	所得税預り金 社会保険料預り金 普通預金	100,000 50,000 850,000
(10)	当座預金	5,000,000	資本金	5,000,000
(11)	備品減価償却累計額 未収入金 固定資産売却損	405,000 100,000 95,000	備品	600,000
(12)	電子記録債権	200,000	売掛金	200,000
(13)	受取商品券 現金	30,000 40,000	売上	70,000
(14)	貸倒引当金 貸倒損失	80,000 220,000	売掛金	300,000
(15)	修繕費 当座預金	120,000 130,000	差入保証金	250,000
(16)	現金 受取手形	100,000 400,000	売上	500,000
(17)	仕入	403,000	当座預金 現金	400,000 3,000
(18)	現金	50,000	償却債権取立益	50,000
(19)	前受金 売掛金 立替金	36,000 144,000 5,000	売上 現金	180,000 5,000
(20)	法人税，住民税及び事業税	136,800	仮払法人税等 未払法人税等	50,000 86,800

⑸の別解

（借）	旅費交通費	8,000	（貸）当座預金	13,000
	消耗品費	5,000		

⒆の別解

（借）	前受金	36,000	（貸）売上	180,000
	売掛金	149,000	現金	5,000

基本問題17-2

	小口現金出納帳	当座預金出納帳	仕入帳	売上帳	支払手形記入帳	受取手形記入帳	買掛金元帳	売掛金元帳	商品有高帳
(1)		○	○		○				○
(2)				○		○		○	○
(3)				○				○	○
(4)	○	○							
(5)		○				○			

基本問題17-3

合計残高試算表

X1年5月31日

借方残高	借方合計	勘定科目	貸方合計	貸方残高
9,000	440,000	現金	431,000	
254,000	773,000	当座預金	519,000	
126,000	333,000	受取手形	207,000	
222,000	1,079,000	売掛金	857,000	
63,000	63,000	繰越商品		
135,000	135,000	備品		
	94,000	支払手形	244,000	150,000
	519,000	買掛金	665,000	146,000
	30,000	未払金	30,000	
	24,000	預り金	24,000	
	25,000	借入金	150,000	125,000
		資本金	400,000	400,000
		繰越利益剰余金	4,000	4,000
	12,000	売上	990,000	978,000
685,000	691,000	仕入	6,000	
208,000	208,000	給料		
32,000	32,000	水道光熱費		
68,000	68,000	支払家賃		
1,000	1,000	支払利息		
1,803,000	4,527,000		4,527,000	1,803,000

売掛金明細表

	5月25日	5月31日
A　社	90,000円	58,000円
B　社	99,000	89,000
C　社	70,000	75,000
	259,000円	222,000円

買掛金明細表

	5月25日	5月31日
X　社	85,000円	73,000円
Y　社	55,000	32,000
Z　社	75,000	41,000
	215,000円	146,000円

解答・解説

解　説

資料Bの各取引の仕訳を示せば次のとおりとなる。なお，売掛金勘定および買掛金勘定には，社名を付記している。

	借方科目	金額	貸方科目	金額
26日	売掛金(A社)	20,000	売上	20,000
	仕入	10,000	買掛金(X社)	10,000
	当座預金	5,000	受取手形	5,000
27日	売掛金(B社)	30,000	売上	30,000
	売上	2,000	売掛金(A社)	2,000
	仕入	30,000	支払手形	30,000
	買掛金(X社)	10,000	支払手形	10,000
29日	売掛金(C社)	40,000	売上	40,000
	仕入	15,000	支払手形	15,000
	買掛金(X社) 買掛金(Y社) 買掛金(Z社)	12,000 23,000 34,000	当座預金	69,000
30日	支払家賃	30,000	現金	30,000
	未払金	5,000	現金	5,000
31日	当座預金	125,000	売掛金(A社) 売掛金(B社) 売掛金(C社)	50,000 40,000 35,000

基本問題17- 4

①

出金伝票	
(仕入)	(5,000)

(借方) 振替伝票		振替伝票 (貸方)	
(仕入)	(25,000)	(買掛金)	(25,000)

②

(借方) 振替伝票		振替伝票 (貸方)	
(仕入)	(30,000)	(買掛金)	(30,000)

出金伝票	
(買掛金)	(5,000)

基本問題17- 5

損益計算書

○社　　自 X7年 4 月 1 日　至 X8年 3 月31日　　(単位：円)

費用	金額	収益	金額
売上原価	137,000	売上高	250,000
給料	52,000	受取家賃	6,000
旅費交通費	28,000	受取利息	700
保険料	5,000	雑益	840
通信費	4,000		
租税公課	4,000		
貸倒引当金繰入	100		
減価償却費	11,440		
支払利息	1,000		
法人税，住民税及び事業税	4,500		
当期純利益	**10,500**		
	257,540		257,540

貸借対照表

○社　　X8年 3 月31日　　(単位：円)

資産	金額		負債および純資産	金額
現金		265,460	買掛金	10,000
普通預金		40,000	借入金	85,000
受取手形	10,000		未払消費税	11,000
貸倒引当金	200	9,800	未払法人税等	4,500
売掛金	20,000		前受収益	12,000
貸倒引当金	400	19,600	未払費用	1,000
貸付金		20,000	資本金	300,000
商品		43,000	繰越利益剰余金	30,500
貯蔵品		7,000		
備品	22,000			
減価償却累計額	16,500	5,500		
建物	66,000			
減価償却累計額	23,760	42,240		
前払費用		1,000		
未収収益		400		
		454,000		454,000

【著者紹介】

鈴木　基史（すずき　もとふみ）　第１～２章，第４章，第11章，第14章

1959年生まれ
1990年３月　明治大学大学院経営学研究科博士後期課程単位取得退学
1990年４月　富山大学経済学部専任講師
1992年４月　富山大学経済学部助教授
2007年４月　富山大学経済学部准教授
2009年７月　富山大学経済学部教授
2015年４月　富山大学理事・副学長（2019年３月まで）
2019年10月　富山大学学術研究部社会科学系教授
2020年４月　武庫川女子大学経営学部教授

森口　毅彦（もりぐち　たけひこ）　第10章，第13章，第15～16章

1967年生まれ
1997年３月　東北大学大学院経済学研究科博士後期課程中退
1997年４月　富山大学経済学部助手
1998年４月　富山大学経済学部専任講師
2000年４月　富山大学経済学部助教授
2007年４月　富山大学経済学部准教授
2011年10月　富山大学経済学部教授
2019年10月　富山大学学術研究部社会科学系教授

廣橋　　祥（ひろはし　しょう）　第３章，第５～９章，第12章，第17章

1981年生まれ
2010年９月　国際医療福祉大学医療福祉学部助教
2011年３月　明治大学大学院経営学研究科博士後期課程単位取得
2013年４月　富山大学経済学部専任講師
2015年４月　富山大学経済学部准教授
2019年10月　富山大学学術研究部社会科学系准教授

入門現代簿記ワークブック〈第2版〉

2013年12月20日　第1版第1刷発行
2017年8月30日　第1版第3刷発行
2021年4月1日　第2版第1刷発行

著　者　鈴　木　基　史
森　口　毅　彦
廣　橋　　　祥

発行者　山　本　　　継
発行所　㈱　中　央　経　済　社
発売元　㈱中央経済グループ
パ　ブ　リ　ッ　シ　ン　グ
〒101-0051 東京都千代田区神田神保町1-31-2
電　話 03 (3293) 3371(編集代表)
03 (3293) 3381(営業代表)
https://www.chuokeizai.co.jp

印　刷／東光整版印刷㈱
製　本／誠　製　本　㈱

ISBN978-4-502-37581-1 C3034